負けに不思議の負けなし

〈完全版〉　下巻

野村克也

朝日文庫

本書は一九八四年三月、朝日新聞社より刊行された『組織戦の時代　プロ野球　野村克也の目』と、一九八五年三月、同社より刊行された『プロ野球　監督たちの戦い』を加筆・修正し、上下巻にしたものです。尚、所属チームや肩書、記録などは執筆時のものです。

負けに不思議の負けなし〈完全版〉　下巻　目次

負けに不思議の負けなし〈完全版〉 下巻

構成　柘一郎

リーダーになれる人間、なれない人間

開幕の前日、私は仕事で帰宅が遅くなり、夜食をとるころには時計がもう午前零時を回っていた。食卓には湯豆腐、ワカメの酢のもの、ソラマメなどが並んでいる。年のせいか、近ごろは肉類がどうもいけない。広岡さんが聞いたら満点をくれそうなメニューである。ご飯は赤飯だった。

「現役のころみたいだな」

と女房にいうと、柏原の奥さんが届けてくれたのだという。彼の家では毎年、開幕前、隣近所や知り合いのところに赤飯を配って回るらしい。去年もお相伴にあずかったはずなのにすっかり忘れていた。

もう十三年も昔になる。

その年、私の率いる南海は箕島高校の島本講平をドラフト一位で獲得した。柏原も同じ年の入団で、こちらは熊本の八代東高出身。六位か七位指名だったと思う。

島本はアイドル選手のはしりで、連日、合宿にギャルたちが押しかけ、往生した。一方の柏原はというとだれからもハナにもかけてもらえない。自主トレの初日にダブダブのまるでハカマのようなトレパンをはいてやってきた。

当時、自主トレ期間中はユニホームを着用してはいけないきまりがあった。だからめいめい自前の服でやるのだが、それにしても彼のスタイルは異様だった。とても野球をやろうという人間のいでたちではない。その場に居合わせた評論家の青田昇さんが、

「アレ、野球選手か。かわいそうやで、帰ってもろうたほうがええんとちゃうか」

とのたまわったほどだ。

しかし、野球センスだけはいいものを持っていた。ピッチャーとしては（入団時は投手だった）とても見込みがなかったけれど、野手なら一人前になるかもしれない。ひと目みたときから私にはそんな予感があった。打者に転向してから、彼の成長は早かった。三年後には島本を尻目に一軍に定着した。のちに大洋にいった青田さんとオープン戦で対戦したとき、わざわざ青田さんのところへ柏原を連れていって、

「あの少年がこうなりました」

と紹介した。あんぐりと口をあけた青田さんの顔が今でも目に浮かぶ。私は内心、得

意だった。

日ハムは今年、江夏という大黒柱を失った。ああいう男だから首脳陣はさぞ使いにくかったことだろう。ナインともうまくいかなかったらしい。しかし、なんだかんだといっても彼はやるべきことをきちんとやった。日ハムが僅差のゲームをものにできたのも江夏がいればこそだ。その役を若い川原や木村に肩代わりさせようとしても無理な相談というものだろう。それをいちばんよく知っているのはおそらく柏原である。彼は大沢前監督から、

「江夏がいなくなったら、このチームはどうなるかね」

と、放出をそれとなく打診されたとき、即座に、

「きつくなりますよ」

と答えている。

近鉄との開幕戦を観戦して、私もその感をいっそう強くした。単にリリーフエースがいなくなったというだけでなく、チームのヘソがなくなってしまったような気がする。評論家の多くが、日ハムを下位に予想したのもその点を感じとったからに違いない。ファイターズは一刻も早く江夏に代わる大黒柱を探す必要がある。

だれが適任だろうか。

ポジションこそ違え、その重責を担えるのは柏原以外にない。本人もそのへんは自覚しているとみえ、記者たちからシーズンの抱負を聞かれると、

「今年は数字をいうつもりはない。シーズンが終わってボクがいい成績を残していればチームもいいところにいるでしょうから」

と、思いつめた表情で話すそうだ。

チームが移動する際のバスの席順はチーム内でのその男の地位をおのずと表していて面白い。

去年まで監督にいちばん近い右側最前列のシートは江夏の指定席だった。ついでに説明すると前のほうがベテラン勢、まん中が中堅、後ろが新人という具合になる。これはだいたいどこのチームも同じだ。今年はその江夏の席に柏原が座っている。ところが実際の働きはどうかというと、まだまだ江夏ほどの重みがない。どこかの新聞が、

「ポスト江夏のニューリーダー」

と、柏原のことを持ち上げていたが、開幕ゲームを見る限りでは荷が勝ちすぎている感じがした。

たとえば四回裏に見せた彼のバッティングだ。スコアは2対0で近鉄のリードだが、

セカンドには二塁打のクルーズがいる。しかもノーアウトである。ピッチャーの鈴木啓は日ハムに八連敗中でカモにされている。柏原にもそれまでいいように打たれ、前の打席も外角球をライト線にうまく流されている。おそらく鈴木の頭の中は同点ホームランの心配でいっぱいだったはずだ。

なのに柏原は終始右狙いでいった。つまり、走者を進めようと考えたのである。これは一見、チームバッティングのように思えるが、私にいわせれば誤解もはなはだしい。チームバッティングというのは相手の嫌がることを状況に応じて行うことである。むやみやたらに「進塁打」を打てばいいというわけではない。この打席で柏原は二球目の外角ストライクをいかにも右狙いでございい、というようなスタイルで見送った。目ざとい鈴木がこれを見逃すはずがない。

案の定、鈴木は柏原の心底を読み切って狙い球の近くにエサをまいてきた。2―1からの四球目、外角に落ちる球がそれである。見逃せばボールだ。しかし、外角に意識の向いている柏原は誘われるように手を出し、セカンドゴロに倒れてしまう。なるほどこの打球のおかげでクルーズは三塁へ進み、二村の犠飛で1点を返せたから、見方によっては柏原をほめることもできる。だが、これでは満貫で上がれるケースにわざわざ安上がりして敵を利しているようなものだ。なによりも四番の使命を忘れている。

植村監督になって、日ハムの打撃練習はチームバッティングに明け暮れた。ライトを狙う練習で打球が反対のレフトに飛ぼうものなら、中軸バッターであろうと自分の打球を走って取りにいかされたという。違反者には二万円也の罰金も科せられていると聞いた。柏原の右狙いが彼自身の意思によるものか、サインだったかどうかはにわかには判定できないが、いずれにしてもチームバッティングのTPOを取り違えている。彼がニューリーダーを自任するのなら、もっと状況に適したバッティングをしてもらいたかった。

面白いもので、選手の中にはベテランになっても人に小言をいえない性格の主がいる。若手にひとこと注意してくれたらと監督が期待しているときでもいっこうに口を開かない。こういうタイプは技術のよしあしとは関係なくリーダーには向かない。その点、柏原はリーダーの資質を持っている。サボっている選手を見つけたりすると、

「しっかりやらんか」

と、すぐひとことが出る。それに人がいいから、いわれたほうも素直に聞ける。このへんが江夏とはだいぶ違う。ただ、この「人がいい」というのがプロの世界ではクセ者である。

彼の球歴をみると、ここ六、七年、打率は三割弱、本塁打は二十本以上、打点は九十

点前後とそこそこの成績を残している。なのにタイトルといったらベストナインとかダイヤモンドグラブ賞といった程度である。つまり人からもらうものばかりで、自分でかちとったものがない。素質からいって、打点王ぐらい手にしてもおかしくないはずなのだが、これはどうしたことだろう。

南海の監督時代、私はよく選手の家を訪問した。それも抜き打ち的にやる。意地が悪いようだが、選手の素顔を知っておきたかった。あるとき、柏原が自宅で素振りをするようになったと聞き込んだので、時間を見はからってブラリと出かけた。すると、奥方がポツンといるだけでご当人は影も形もない。聞けば、素振りは三日坊主に終わり、その晩はいきつけの飲み屋でたっぷりときこしめしていらっしゃるという。私が飲み屋に電話をかけてみると、ご当人はすでにでき上がっていて、受話器の向こうで、

「お前、誰や、誰なんや」

と繰り返すばかりである。さすがに「監督や」といったら飛んで帰ってきたが、野球に対する態度があっさりしすぎている。

もしかするとこの男は自分の才能なり能力を低めに見積もる習性があるのかもしれない。いつも七十点で満足している。そうしてなるべく周囲の人とぶつかり合わないようにする。

そういえば麻雀をやっていても彼を降ろすのはごく簡単だった。

「これはでかいでえ、リーチや」

とひとことと脅かせば、どんないい手でもベタ降りしてくる。根が安全主義者なのだ。オレがオレがという人間の多いプロの世界でそれでもやってこれたのは先天的な器用さのおかげだろう。もっともこのあたりが後になって人生を分ける。先ほどの素振りの一件にしても器用すぎるものだから、ちょっとやるとコツが分かってしまい、つい途中で手を抜く。もう一歩、踏み込んで苦労を買っておけばやがて山頂が見えるのに、いつも八合目で引き返してしまう。人のよさと器用さと。無冠の理由もこのあたりにあると思われる。

江川を例に出すまでもなく球界も不動産ブームである。ちょっと年俸が上がるとみんな争うようにして家を買う。決して悪いことではないと思う。借金をしてもそれが励みになるようなら申し分ない。そんな風潮の中にあって柏原は借家で通している。

同じカマのメシを食べたという縁で、日ハムに移ってからも何回か柏原家を訪ねたことがあるが、ずいぶんと狭い。２ＤＫあるだろうか。家族五人がひしめいている。庶民的な柏原の性格が家選びにも表れていてほほえましいのだが、彼のような男には思いきって大きな借金を背負わせたほうがいいのではないか。そうすればようやく芽生えはじめたチームリーダーの自覚が三日坊主に終わらなくてすむ。投げ出しかけたところに銀行ローンの残高がチラつくあんばいだから、さしものアッサリ屋も粘っこく初志を貫かざるをえまい。村夫子《そんぷうし》の目を開かせるためのこれは案外名案かもしれない。

（84・4・13）

成功体験に潜む落とし穴

「名球会」のメンバーは金《かね》やんを筆頭にみんなきわめて個性的である。頂点をきわめたという自負がそれぞれにあるから、いいだしたらなかなかあとへひかない。会議のときはこれが混乱のもとになる。そんなとき、いつも、まあまあといって仲裁役を引き受けるのが王である。世界的スターにしては、押しつけがましいところがなく、物言いも柔らかい。いうことも実にバランスがとれていて、ちょっとした大岡裁きだ。おかげでいつも八方がまるく収まる。

野球好きな方ならゲーム終了後、監督のまわりに新聞記者が集まって話を聞いているシーンを何回か、目にしたことがおありだろう。知り合いの新聞記者に聞くと、この監督談話にも「松」「竹」「梅」のランクがあるそうだ。

もっとも面白いのが広岡さんで、ぶざまな負け方をしたときなど選手を次々に俎上に

あげ、聞いているほうが怖くなるという。その反対に、

「もう少し、突っこんで話してくれたら」

と、いささか食い足りないのが王だという。こちらはさしずめ「梅」だろうか。まず、選手批判を口にしない。さすがにチョンボがあったときは、その関連の質問に一瞬、ほおをこわばらせるようだが、それもわずかな間で、すぐにいつもの王に戻るというから、よほどの修行を積んでいるといえる。心の中に相当、高性能の感情抑制装置がセットされているのだろう。

そういえば開幕戦大不調の江川についても、

「初戦のプレッシャーにやられたね。彼も人の子だから」

と、心やさしいことをいっていた。ここまでくると、あまりにブレーキが利きすぎていて、なんだか痛ましいような気がする。

監督という職業が年々、難しくなっている。ひと昔前なら、

「お前ら、ワシについてこい」

と、ドンがのたまえばそれでことがすんだ。英雄がいたるところにいて快刀乱麻のピッチングをするかと思えば、打つほうは打つほうで胸のすく起死回生打をかっとばした。監督は単に彼らに気合をいれる役回りだった。ところが今は違う。選手の力が全体的に

均一化してきたから、精神主義だけでは勝てない。敵味方の戦力を分析し、適材適所を見抜き、かつ、状況に応じた適切な指示を出す必要がある。野球がまるで企業競争のような具合になってきている。となると監督の業務はいよいよ細かく、ゲーム中ともなると目配り気配りの連続である。ちょっとそれを怠ると、たちまち試合の流れが変わってしまう。

阪神との二回戦、1対1で迎えた七回裏、王監督の気配りぶりをうかがうにかっこうのシーンがあった。無死一塁、巨人のバッターは山倉である。

ヒット・エンド・ラン、送りバント、盗塁と、この場面での選択肢は三つあった。王はこの中からエンド・ランを選んだ。これはいいと思う。問題はサインの時期にある。王は目をタイガースの先発オルセンに転じよう。この日のオルセンは外角の直球をコーナーいっぱいにきめ、なかなかの好投である。時おり投じる内角のストレートにも威力があった。この球は次に外をつくための伏線で、見せ球として効果的だった。そこでサインの時期だが、右打ちのうまい山倉の立場を考えると、外にくる確率のもっとも高い段階で指示を出してやれば成功率もそれに比例することが分かる。つまり内角の見せ球のあとが絶好のタイミングである。

しかし、王は外角ボールのあとの0—1からサインを出した。オルセンの球は皮肉にも内側にきて、山倉はつまったショートゴロに倒れた。ダブルプレーでチャンスは一気にしぼんでしまった。私は結果論をいうつもりはない。詰めの過程が理にかなっていれば失敗もやむを得ないと思っている。だが、ここは明らかに一球だけサインのタイミングが早すぎた。

名選手必ずしも名監督にあらずとよくいう。私自身、この言葉の前に呆然と立ちすくんだ組だが、どうしてそういわれるのか、しばらくのあいだ、分からなかった。自分なりの結論が得られたのはずいぶん、あとになってのことだ。

功成り名を遂げた人の思考方法はおおむね自己中心である。みんな自分を軸に地球が回っていると思っている。こうした考え方はその人間の胸の内に収まっているぶんにはなんら問題はないが、他人への要求となって外へ飛び出すと事態を複雑にする。野球の場合、それはたいがい、

「自分に打てたのだから、彼にも打てるはずだ」

という形をとる。そこには相手に対する細やかな思いやりの入る余地はない。しかし、これでは近代野球の采配はとてもおぼつかない。面倒でも小さな配慮を積み重ねながらチームを動かしていかなければならない。

一、二戦をみる限り、王にそうした緻密さは感じられなかった。あの場面で山倉の仕

事のしやすい環境が整うまで待てなかったのは、そのいい例だろう。王はまだ名選手の目で野球を見ている。

苦言のついでに投手起用にもふれたい。とくに開幕戦についてである。先発は去年に続いて江川だった。王はおそらく江川のエースとしての自覚に賭けたのだろう。しかし、つらつら思うに江川ほど自覚とかプライドとかいう言葉に無縁の男もいない。もう一人のオープニングピッチャー候補西本と比べると、なるほど過去の勝ち星は江川に軍配が上がる。けれど、数ある天王山でどちらがチームに貢献したかとなると、両者の勤務評定は逆転する。それに江川は「細く長く」をキャッチフレーズにする男だ。開幕投手に指名されても特別の感慨を持つとはとても思えない。そこへいくと西本は違う。ひとことでいえば人生意気に感ず、といったタイプである。球団創立五十周年の年となればなおさらだろう。

ここは西本の発奮に賭けたほうが上策だった。

それともうひとつ、八回の斎藤のリリーフにも疑問が残った。確かに斎藤は有望新人である。オープン戦でのテストも上々だった。が、僅差であり、しかも独特の雰囲気を持つ開幕戦ということを考えると、チームのためにも本人のためにもこの継投はない。彼にはもっと楽な状態で投げさせてやりたかった。王は常日ごろから、

「投手の交代がいちばん難しい」

と繰り返していたから、あるいは不得手意識が不可解な起用を招いたのかもしれない。なんだかんだといっても巨人は粒のそろった投手陣を抱えている。ということは二十七のアウトをバッターでとれるということである。そういうチームのリーダーは一歩一歩、前進していく堅実派であるほうがいい。このあいだ、牧野茂前コーチが、

「ジャイアンツは自分で転ばないことだ。そうすれば必ず優勝できる」

といっていたが、そのとおりだと思う。ちょこまか動くのは、投手力が弱く、塁に出た相手のランナーをサインプレーなどの手段で殺さなければならない気の毒なチームの監督の〝ライフスタイル〟である。


王は水原、川上、長嶋、藤田と、四人の監督につかえたが、野球の性質は藤田さんにいちばん近い。ちょっとやそっとのことで動じることがない。どっしりしている。彼のもとで監督修業を積んだのだから当たり前といえばそれまでだが、このオーソドックスな野球は買えると思う。巨人のチーム事情にピッタリ合っている。

開幕三連戦に巨人は思わぬ苦杯を喫し、新監督のスタートとしては奇《く》しくも九年前の長嶋と同じような成績になった。しかし、だからといって巨人から二重丸の本命印が消えたわけではない。しょっぱなで多少つまずこうと、戦力的にはやはり抜きんでている。

王は気分転換の達人である、ヒマを見ては自宅でピアノを弾くと聞いた。鍵盤に向かい、ひとつひとつ音を探し出す作業は、気持ちを新たにするのに大いに役立つと思われる。これも数々の記録を塗りかえてきた人間に固有のストレス解消法なのだろう。監督という職業は悩みを友とするようなところがあるから、こういう手段を持っている人間は、それだけで適任である。明るく軽快な曲が好みのようだが、間違っても、しかつめらしい顔で「運命」などを弾くようにならないでもらいたい。

（84・4・20）

熟年開花型人間の使い方

プロ野球選手の中でもっとも気のいい男をひとりあげろといわれたら、私はちゅうちょなく阪急の今井雄太郎を選ぶ。彼とは現役時代、何度か対戦した。こわれた機械人形のようなギクシャクしたフォームから繰り出される球は、クセ球ばかりで非常に打ちづらかった。おまけにこの男はコントロールが悪い。いつ顔面にくるか分からない。バッターはどうしても及び腰になる。二勝目をあげた南海戦でも定岡とナイマンにぶつけて穴吹監督から抗議を受けていた。

私もずいぶん、痛い目に遭わされた。ただ、彼の場合はぶつけられても不思議にカッとしない。パ・リーグは紳士的なセ・リーグと違ってどのピッチャーも平気で胸元をえぐってくる。とくに名は秘すが、ある監督などは自軍が負けていると腹イセに、

「一発、お見舞いしてやれ」

と、平気でピッチャーに指示を出す。命令されたほうは別に当てたくはないのだが、監督の逆鱗に触れて二軍に落とされでもしたらかなわない。で、仕方なくドスーンとやる。私はそのピッチャーが「イヤでしようがない」とこぼすのを何回も聞かされたことがある。今井のはもちろんこうしたケースではない。東尾のように自分の非力をカバーするための投球術として使うピッチャーもいるが、こちらでもない。要するにノーコンなのである。

ぶつけてしまったときの今井の表情がなんともいえずいい。

「悪かった。痛かろうね」

と、いまにも泣きそうな顔をしている。これでは怒るに怒れない。こちらが被害者なのにかえって同情心すら湧く。

彼の真骨頂は内角の落ちるシュートを中心にしたコーナーワークにある。セ・リーグでいえば巨人の西本のようなタイプである。なのに今井はぶつけてしまうと内側をつけなくなる。球威も格段に落ちる。つい甘い球が真ん中に集まる。だから私たちは今井のデッドボールを歓迎した。事実、彼は死球を機に崩れることが多かった。今シーズンの投球を見ているとさすがにそういうケースは影をひそめた。ノミの心臓が年齢とともに多少は強化されたのだろう。それがまた好成績にもつながっている。

新潟の中越高から新潟鉄道管理局を経て昭和四十六年、ドラフト二位で阪急に入団、以後七年間、これといった成績も残せず鳴かず飛ばずだった。ふつう七年間もこういう状態が続くとトレード話がささやかれるものだが、今井にはそれがなかったらしい。

彼は俗にいう練習横綱である。ブルペンでは素晴らしい球を投げるが、ゲームに使ってみるとそんな面影はどこかへいってしまう。監督という人種はこういう選手をなかなか見限ることができない。キャンプのたびに、今年こそやってくれるにちがいない、と期待をかける。本人も真面目だからなおさらである。そうこうするうちにいつしか歳月が経過していく。

練習横綱といえば南海から今年巨人に移った山本雅夫も今井と甲乙つけがたく、西の正横綱クラスではなかろうか。練習だと十本のうち七、八本はスタンドにブチ込む。いや、ものすごい長打力である。キャンプで山本を見た王が、

「すごい、よく飛ばすな」

と感心していたそうだが、情景が目に浮かぶ。南海の監督時代、私は彼に中軸打者の期待をかけ、オープン戦でずっと四番を打たせてみた。ところがゲームになるとオープン戦ですら力を出せない。七連続三振を食らい、さすがにブレイザーが、

「ボス、もういいだろう」

と忠告にやってきたものだ。

つまりは自意識過剰なのである。だれも本人が思うほど注目していないのに、ご当人は日本中のファンに見られているような気でいる。となると、もう金縛りに遭ったのと同じで、体はコチコチに硬直し、唇はすっかり青ざめている。お山の大将の代表格、江夏にしても意識過剰という点では同じなのだが、一方はそれをプラスに転じ、他方は心配ばかりをしょいこんでしまう。こういう手合いには、手を差しのべることができない。自信を持ってもらおうと優しい言葉をかけても、容易に怖じ気の穴から出てこない。結局、自分できっかけをつかんでもらう以外にすべがない。首脳陣としてはひたすら僥倖を祈るばかりである。

先天性弱気症の今井はしかし、五十三年、ウルトラC的手法で自らの病を克服する。世にいう飲酒登板である。この種の話は面白おかしく語り継がれるきらいがあって、いつの間にかネズミがゾウになっていたりするので、私はこんど本人から聞くまで半信半疑だったが、事実と知ってビックリした。しかも、相手が、かつて私の在籍したホークスというのだから二度、驚いた。

本人はビールを一杯、軽くひっかけただけ、といっているが、この酒豪が、

「投げてるあいだは、胸が苦しくって……」

というほどだから相当やったのだろう。一説にビールの大ビンをゲーム中に一本あけた

という話も伝わっている。

結果は見事な完投勝利だった。今井はこれで自信をつけたのだと思う。この年、完全試合をも達成し、ようやく本来の力を発揮するようになる。彼自身は、

「その年のキャンプで、今年ダメだったらやめようと必死になった。コントロールもよくなったし」

と一本立ちの原因を練習にもっていきたいようだが、私はアルコールのほうに軍配を上げたい。

今井の酒は実に愉快な酒だという。ちょっと度を過ごすと気が大きくなって、つい、

「社長を呼べ」

などと弾みがつくようだが、ま、トラにしてはおとなしい部類だろう。

去年の暮れ、忘年会の席上、今井は選手会長に選ばれた。前任の簑田が今井を紹介するころにはすでにすっかりできあがっていて、若手がうしろから支えながら就任の挨拶をしたという。ひっこみ思案の彼は演説が大の苦手である。酔わなければとてもできなかったにちがいない。ロレツの怪しくなった口元から飛び出した内容が、

「Vワンやって、ええとこいこ」

というのもいかにも彼らしい。前会長の簑田は待遇の改善にこれ努めたというから、どちらかというと組合委員長型といえるだろう。それに比べ今井はいまから、

「忘年会を盛りあげにゃいかん。景品のテレビはすでに用意したぞ」

などといっているそうだから、完全に宴会幹事型である。

それはさておき、今井のような男は年をとるにつれて力を出してくるタイプだと思う。もともとオレが、オレが、というところがないから、先輩がたくさんいる間はどうしてもうしろに隠れる。というより道を譲るといったほうが正確かもしれない。ところが頭のつかえがとれると持ち前の姿を現してくる。大器晩成というのとはちょっと違う。熟年開花型とでも呼んだら当たっているだろうか。選手会長に選ばれるタイミングもよかった。きっとなんらかの自信につながっていくと思う。

そういう目で改めて今井をみると、なるほどマウンドでの態度が昔と変わっている。以前はバッターの顔をまったく凝視できなかった彼が、なにやらバッターの顔色を観察したり、相手ベンチの様子をうかがったりしている。投球も力まかせに投げるのではなく、押したり引いたり、年相応に工夫を凝らしている。

上田監督の起用法にも、いく分の変化がみえる。

「雄ちゃんはプレッシャーのかからないところで投げさせないと……」

と、口癖のようにいっていた彼が、今シーズンは今井を対西武戦のしょっぱなに投げさせた。チームは四連敗中、しかも、今井にとっては開幕三連続完封という記録がかかっていた。この試合をシャットアウトすればもうひとつ勲章がふえる。いってみれば重圧だらけのゲームである。こういう場面で彼へお鉢が回ってくることはいままでなかった。「雄ちゃん」への信頼が高くなっている、これは証拠だろう。

もっとも、このゲーム、八回まで零封していた今井は最終回、スティーブに適時打され完封を逸した。試合のあと今井は記者たちに、

「ドキドキしちゃってね」

と例の屈託のない調子でこぼしたそうだ。人のよさは相変わらず健在である。なんだかホッとした気分も味わわせてもらった。

（84・4・27）

頼りになる部下はこうして見抜け

「テレビ朝日」の解説の仕事で今年から試みにコンピューターを使っている。いまのところはピッチャーの投球パターンを簡単な図にするだけだが、将来は各バッターの打球の方向とか、田淵なら田淵のホームランゾーンを瞬時のうちに図式化して、お茶の間に届けることができるようになると思う。選挙の開票速報のように野球解説にもコンピューターが欠かせなくなる時代が、もう間近に迫っているような気がする。

王はデータを重視する監督らしい。少なくとも巷間伝わるところではそうなっている。しかし、私はこの話をあまり信用しない。ほんとうにそうなら郭が投げた中日との三回戦で篠塚に代打を出したりはしないはずだ。

なるほど篠塚は昨年、郭に十八打数一安打と相性が悪い。数字は篠塚の不利を示している。だが、彼は、かりにもジャイアンツの三番バッターである。しかも、ここ三年というもの連続してチームの最高打率をマークしている。投手族に限らずバットマンも功成り名を遂げた連中になると、おそろしくプライドが高い。また、それが仕事に対する原動力になっている。王は自分の選手時代のことを考えてみればいい。苦手だからといって代えられたことがあっただろうか。よしんばあったとしても、そのときの心の内はどうだったか。

篠塚だって同じことだ。面白く思うはずがない。彼は起用についてとやかくいう男ではないが、この夜はさすがにカチンときたらしく、帰りしなに何度も、

「なんでだ」

とつぶやいていたという。

似たようなことが中日との四回戦でもあった。このゲーム、ドラゴンズのピッチャーは都である。王は左対左の不利を予測してクロマティをスタメンからはずした。代わりに出たのが中井である。試合では中井のところにチャンスが訪れ、ブレーキになったが、私は彼が打てなかったことをとやかくいうつもりはない。そうではなくて、なぜこういう使い方をするかである。

選手たちは自分の交代要員にだれを使うか、じっと見ている。起用された人間を見れば、監督が自分に対してどの程度の評価をしているかが分かるからだ。篠塚に対し淡口、

クロマティに対し中井では、彼らがどう受けとるか歴然としている。

野球にデータは欠かせない。それは分かる。が、あまり数字にだけこだわるとあとでひどい目に遭う。篠塚の心理状態というのも数量的な計算こそできないが、大切なデータである。百三十試合を通じて彼がわだかまりを抱くことなく気持ちよくプレーをしてくれれば、チームにとってこんなありがたいことはない。逆にそれが裏目に出た場合、ことは一試合ではすまない。

監督の手腕はその人間をどう生かすかにかかっている。「歩」を「金」にして、そこで初めて評価される。「金」を「歩」にしてしまってはなにをかいわんやである。

エースのプライドを尊重して江川にあれほどの気配りをする王が、バッティングの核になる人間にそうした配慮を見せないのはどうしてだろう。

王采配の中にこの種の類似例を探すのは簡単なことだ。山倉を中盤で引っ込めたり、代打の切り札淡口を、しょっぱなのチャンスに使ってしまって、勝負をかけるときに手駒がなくなってしまったり……。

要するに、だれを頼りにするのかというもっとも基本的な認識が彼には欠けている。データを重視するというのなら、そういう心構えを真っ先に、コンピューターに入力すべきだろう。

強いチームと弱いチームとでは勝ち方もさることながら負け方が違う。強いチームは先々のことを考えた負け方ができる。西武を例にとってみよう。この昨年の覇者も巨人同様、出足好調とはいえない。東尾は乱打され、松沼の兄やんもおもわしくない。しかし、そんなときでも広岡さんはよほどのことがない限り、二人を途中で降ろさない。東尾などは八点もとられ、火ダルマ状態なのに代えてもらえない。これはなにも懲罰のためではない。どうせこのゲームは負け試合だ。それなら彼に投げ込みをさせて完投のペースをつかんでもらおう。つまり試合を練習に変えてしまうやり方である。打者の使い方も同様で、不調の底にある山崎や大田を平気で使い続ける。大田は故障で休んでいるが、それまでは、やはり出づっぱりだった。

広岡さんは彼らの力なしではシーズンを乗り切れないと百も承知している。だからこそガマンをする。そしてじっと待つ。

これがロッテやヤクルトとなるとそうはいかない。手を替え品を替え、気分を変え、となんでもやらなければならない。その日暮らしもいいところである。

巨人は本来、資産家なのに、いまは消費者金融から借りまくるような野球をしている。

広岡さんが王采配を評して、

「もっとドッシリ構えていられる男だと思ったが、意外だった。あわてて動く必要はない。オーソドックスに徹していけばいいんだ」

といっているそうだが、そのとおりだと思う。監督という人種は不思議なもので、負けがこんでくると、とたんに抹香くさくなる。使う言葉といえばきまって、

「無心になれ」

とか、

「平常心でいこう」

である。

王もそういっているらしい。私も、その趣旨には賛成する。無心も平常心も大いによろしい。しかし、問題は言い方にある。もともと浮足だっているところに、ポツンと抽象的なことをいわれても、いわれたほうが面食らう。そうではなくて、結果的に平常心になれるようにもっていく。そのための方策を講ずるのが監督の仕事ではないか。

いちばん効果的なのは選手に具体的なテーマを与えてやることである。相手のピッチャーの外角球を狙わせるとか、カーブが甘いからこいつにしぼるとか、なにかテーマを見つけて、これに向かって一丸となる。そうこうしているうちに脱出の糸口が見えてくるものだ。

天才的なプレーヤーというのはえてしてあまり細かい指示を好まない。というより技

術的に優れているから気合だけ入れればすむ。たいがい自分自身の心の調整が最大の課題である。王もそうした選手生活を送ってきたはずだ。ところが、監督となるとそれではすまない。凡百が相手だから具体性が強く求められる。

あまり知られていないが、王が初めて采配を振るったのは四年前の二軍のオープン戦である。藤田監督の就任が決まっていたが、たしか、まだ、ほかに仕事があって、細かい組閣ができていなかった。そこで王が代行した。その試合、王の発した指示は、「さあ、いくぞ」と、「ガンバッていこう」の連続だったという。天才プレーヤーの側面を見事なほどに表したシーンといえるだろう。

しかし、助監督を務めるうちに王は確実に変わった。ネクスト・バッターズサークルにいる選手に狙い球を耳打ちしたり、相手投手のクセを教えたりしている。なのに今年はそんな場面に出食わさない。監督になったということでコーチたちに遠慮でもしているのだろうか。だとしたら見当違いもはなはだしい。そんな必要はまったくない。早く、去年の王にもどってもらいたい。

王といえば長嶋、長嶋といえば王という具合に、二人はいつも比較されてきた。王が監督になって、案の定、また長嶋と比べられている。王には迷惑だろうが、スタート時の成績が似ていることもあって、この比較はなかなかに興味深い。しかし、よく検討するとこの場合に限って両者を並べるのはいささかムリのような気がする。戦力があまりに違いすぎるからだ。ちなみに長嶋が指揮したときのラインアップは一番柴田以下、富田、高田、末次、柳田、上田、矢沢、河埜となっている。王は故障中で先発出場ができない状態だった。

十試合が終わった時点でのチーム打率は当時が〇・一八七、いまが〇・二五八である。これでムリといった理由がお分かりいただけたことと思う。王は長嶋に、

「ボクのときは戦力的にアレですから……」

なんて反論されたら、ちょっと言い返せまい。それだけに王の苦しさはひとととおりではないと思う。落ちくぼんだ目がそれを物語っている。王のあんな目を私は見たことがない。

（84・5・4）

部下から見透かされるとき

つい先日、ウチの十歳になる息子が出場するリトルリーグの試合を観戦した。ピッチャーが好投し、1対1のまま最終回を迎えた。最後の攻撃は息子の所属するチームである。

ここでドキドキするシーンに遭遇した。一死一塁で息子のところに打順が回ってきたのである。隣席の家内は先刻から髪ふり乱して応援している。冷静を装っていたが私とて、「一発いけよ」の気持ちに変わりはない。しかし、監督のサインは「待て」だった。相手のピッチャーが浮足だっていたからこの指示は的を射ていた。息子は結局、四球を選び、次のバッターがヒットを放ち、わがリトルチームはサヨナラ勝ちを収めた。

試合終了後、私は息子を呼んで、

「お前は第二の殊勲者だよ」

とほめてやった。「待て」のサインに不満顔だった息子に本当の野球を教えてやる必要がある、と思ったからだ。

強いチームと弱いチームの差はこういうところに出る。リトルリーグであろうとプロであろうと、その点は同じだ。

弱いチームを率いてきた私は何回となく選手に裏切られた。たとえばチャンスでバントのサインを出す。すると選手によっては露骨にイヤな顔をする。そしてわざと失敗してみせる。こっちだって長年、プロの飯を食っているのだ。そのくらいは分かる。選手のニヤッと笑う顔がいまでもまぶたの裏に浮かぶ。カウントが不利になり、仕方なく強攻させて失敗したことがずいぶんあった。

ロッテはそういう癖が骨の髄までしみついているチームだ。西武戦だったろうか、一死一、二塁でリーがノースリーから打って出た。スティーブのまずいプレーでなんとか救われたが、松沼の兄やんがメロメロだったことを考えると、ここは明らかに「待て」のケースだ。リーに限らずロッテの連中はこういうことを平気でやる。

なぜ、そうなのか。私は元監督の金《かね》やんが責任の一端を負っていると思う。金《かね》やんはロッテにさまざまな意識革命をもたらした。まず、食事である。うらぶれた川崎球場のイメージがあるので、なんだかケチな球団のように思っている向きもあるかもしれないが、こと食事に関してロッテは十二球団でもトップクラスだろう。肉、魚、野菜、どれをとっても食べきれないほどの量が出る。南海の食事に慣れていた私は、正直いってド肝を抜かれた。次いでトレーナーがたくさんいること。これも南海とは比べものにならなかった。食事にしてもトレーナーの数にしても、「プロは体が資本や」という金《かね》やんの哲学の表れである。と、ここまではいい。

しかし、同時に金《かね》やんは個人成績重視という厄介な考え方を持ちこんでしまった。入団するとき私も、

「三割打ったらこれだけやるぞ」

と、持ちかけられた。

「いや、ワシはそういう野球は好かんから」

というと、

「これがロッテのシステムなんだ。損はさせん」

と、何度もいわれた。さすがに、いまは三割でいくらという査定はないらしいがタイトル料はもらえる、と聞いている。そういえば去年の契約更改で、落合が首位打者のタイトル料のことでもめていた。こういうことを続けていると、みんな自分のことしか考えなくなる。打率の帳尻合わせがチームの勝利より優先するようになる。

球場をあとにするバスの中では猛打賞をとった選手がヒーローになる。勝敗は二の次である。広岡さんが見たら怒髪天を衝くにちがいない。リーがあの場面で待たなかったのも自らの功名心を第一に考えていたからだ。もともと地味豊かな土地柄だけに金《かね》やんのまいた種はグングン成長した。いまや、すっかり根を下ろしている。抜こうにも容易に抜けない。

昨年、名球会のメンバーが集まった席で稲尾は監督就任の件をさんざん、からかわれた。とくに名を秘すが、からかいの主は、

「失敗するのは目に見えてるじゃないか。やめときゃいいのにお人好しだよ」

などと、本人の目の前でネチネチとやった。当の稲尾はそんな揶揄は馬耳東風で、例の細い目をいっそう細めて笑っている。しかし、私はカチンときて、つい、

「監督の声がかからんもんは黙っとれ。サイ（稲尾のアダ名）が選んだ道やないか」

と語気を荒らげてしまった。もっとも、お歴々のいうこともあながち間違ってはいない。村田のいない投手陣はお世辞にもいいとはいえないし、山本功児が加わった攻撃陣もムラがありすぎる。守備にいたっては打を優先させた反動でとても安心して見てはいられない。

おまけにBクラスが長く続いたため、選手たちが勝手に戦力を見積もるようになって

いる。下位球団の悲しさである。いくら監督が、

「野球は意外性のスポーツだ。下駄をはくまで分からんぞ」

　といっても腹の中ではせせら笑っている。何がやりにくいといって、これが一番だろう。

　こういうチームの監督はよほど太っ腹でなければ務まらない。細かいことにいつまでもこだわっていると選手から見透かされる。前任の山本監督はどちらかというとそういうタイプといえるかもしれない。いろいろ考え過ぎて、揚げ句に自分の掘った穴から出られなくなってしまった。その点、稲尾には大陸的なおおらかさがある。ピッチングはメスを扱うに似た細心さだったが、ほかのことではとたんに豪放磊落《らいらく》になる。

　いまでも忘れられないのが、同じ全日本チームとして大リーガーと対戦したときの思い出である。確か札幌だったと思う。出発の時間がきて、みんなバスで待っているのに彼の姿が見えない。もちろんホテルの部屋にもいない。仕方なく出発したが、雲隠れしたわけではなく、練習があらかた終わろうというころ、腫れぼったい顔でグラウンドにノッソリ現れて、

「みんな、おはよう」

　と、こちらに手を振っている。どうやら朝帰りである。オールジャパンのメンバーは

全員、顔をしかめ、稲尾をにらみつけたが、ご当人はいっこうに動ずることなくニコニコしていた。

ロッテの監督に就任して間もなく、秋季トレーニングがあった。ふつうなら新監督が陣頭に立って当たり前である。ところが稲尾はとんと顔を出さない。このあたり、昔と少しも変わっていない。大物健在である。

並の監督がこんな振る舞いに出たら、周囲の総攻撃を受けるのがオチだが、彼の場合は不思議とそれがない。稲尾ならではの人間的愛嬌が他人の攻撃的感情をオブラートに包んでしまうようだ。チーム内の評判もいいらしい。得な性分だと思う。

それにもうひとつ、稲尾のいいところはチームに見合った目標を設定している点である。近ごろはどんなに戦力の劣ったチームの監督でも、なんとかのひとつ覚えみたいに「優勝を狙う」と口にする。そういわざるを得ない事情がそれぞれあるのだろうが、前にも触れたように選手たちは自軍の実力を知りつくしている。それだけにあまり迂遠なことをいわないほうがいい。

稲尾は今シーズンの目標を、打倒西武においている。開幕戦に続くライオンズ戦にシャーリーと右田を温存し、広岡さんに煮え湯を飲ませたあたり、稲尾流がまんまと当たった。脇役に徹してペナントレースを混沌とさせる腹のようである。これは一見、消極的な選択のように思えるが、ロッテのようなチームには合っている。「優勝」と聞くとシラケてしまうナインも、「打倒西武」なら燃える。なによりも手の届くテーマだからだ。そうこうしているうちに、もう一段上の目標が見えてくる可能性だってある。

急がば回れ。ロッテにはこの格言がふさわしい。

といっても、監督にとってはつらい道のりであることに変わりはない。西武戦を重視したローテーションを組めばどうしても、ほかは手薄になる。満身創痍《そうい》は避けられない。

ついこの間、後楽園で稲尾に会ったので、軽い気持ちで、

「予想どおりになっちゃ、困るじゃないの」

と声をかけた。すると、あの稲尾が黙ってしまった。あとからきついことをいいすぎたと思ってベンチにとって返したら、脇の通路で彼がひとり、タバコをふかしていた。

私は、さっきのひとことを撤回しようと思って、

「がんばってや」

と、片手をあげた。するとサイはしばらく置いて、「ハイ」といった。「ハイ」なんていったことのない男がである。ほんの一瞬のやりとりだが、思いつめている様子がひと目で分かった。オープン戦のころの陽気さがなくなっている。私はそのとき、久しぶりに血がたぎるような思いにとらわれた。あえてその感情を言葉にすれば、

「落合よ、有藤よ、サイを男にしてやらんかい」
といったところである。

（84・5・18）

プライドが高きゆえに尊からず

スイングをひと目見ればそのバッターのおおよその実力は推察できる。マネーの一振りを見たとき、久しぶりにうならされた。バットが球に向かって一直線に出ていく。ドアスイングになったり、波を打ったりということが決してない。ボールまでの最短距離を突っ走る。実にムダがない。同じ大リーガーでも巨人のスミスとはひと味ちがう。凄みという点ではスミスに分があるが、彼のアッパースイングを見ていると、こいつ、高めの球はどうやって打つんだろう、ちょっと試してみようか、というキャッチャー特有の探究心が湧く。要するに見る人をして欠点があるかもしれないと思わせるところがある。

ところがマネーにはそんな気は毫《ごう》も起きない。探さずとも弱点のないのが分かる。あの鈴木啓示がマネーを評して、

「ワシに四、五勝プレゼントしてくれそうな男や」

といったそうだが、そのとおりだと思う。おそらく過去来日した外国人選手の中では最強のバッターだろう。大リーグ生活十六年という経歴はダテではない。ずっとプレーしていれば、門田や田淵を抑えてホームラン王に輝いていたかもしれない。それだけに岡本監督の落胆は察してあまりある。逃した魚は予想以上に大きかったのではないか。

それにしても辞めた理由が家族のホームシックだというから驚く。今の若い人はわれわれの世代と考え方がだいぶ変わっているから一概にいえないが、私たち日本人には仕事をしているときは親の死に目にも会えない、臨終と分かっていても職場にとどまる、それが職業人の美学だ、というふうなところがある。

今年の二月、三原脩さんが亡くなったとき、ユマにいた娘婿の太さん（中西ヤクルト前監督代理）は案の定、キャンプ地を離れなかった。あちらの人間だったらこうはいくまい。すべてを投げ出して駆けつけるだろう。マネー問題の底にも、仕事と家庭に対する日米のこうした考え方の違いがあるように思う。

聞くところによると、マネー一家のホームシックは、相当ひどかったらしい。とくに長女（十二）は重症で、最初のころは登校拒否症も併発したという。学校といったって神戸のカナディアンスクールだから、環境は向こうとそう変わらないような気もするが、当人にとってはやはり異国の学園だったようだ。娘思いのマネーは、

「宿題がずいぶん出る。おかげで娘は一日中、机にかじりついている。これでは子どもらしさがなくなってしまう」

と、ひとしきりこぼしていたという。おまけに奥さんもこちらの生活になじめず、マネーがおみやげに買って帰る007のビデオで無聊《ぶりょう》をまぎらしていたというから、もはや手のほどこしようがなかったのかもしれない。

日本人だったら、家族を帰して単身赴任という手も考えられるが、アメリカでそれをやったら離婚の原因になりかねない。となると、恐妻家マネーのとる道は一億円（推定）のサラリーを捨てて帰国する以外にない。もったいない話である。もっとも、そんなふうに考えるのはわれわれが大リーガーの肩書の重さを知らないせいである。

アメリカでは元大リーガーというだけで食いっぱぐれがない。町の人が放っておかないのだ。いやでもなにがしかの地位が与えられる。去年、私はテレビ朝日の仕事で渡米し、日本に来た助っ人たちと旧交を温めた。そのなかにライトがいた。巨人に在籍したあの〝クレージーライト〟である。彼は帰国後、慢性アルコール中毒になり昔日のおもかげはなかった。普通なら見向きもされないところである。ところが、そのライトでさ

え野球教室を開き、いっぱしの生活をしている。少年たちがライトに教えてもらえる、といって喜々としてボールを追っていた。

彼に比べればマネーはずっと紳士である。故郷ニュージャージー州に戻れば広大な農場を持っている。それに彼ほどの在籍年数になると、年金もかなりの額になる。私の試算では月三千ドルは下らないはずだ。日本円に直すとざっと七十万円である。つまり、一億円は魅力には違いないが、ないならないであきらめよう、といえるだけの経済的基盤がマネーには備わっている。それほどハングリーではなかったのである。

考えてみると、今年は問題外国人がやけに目立つ。マネーの場合は原因にいささか同情の余地もあるが、これとて契約を簡単に踏みにじるあたりに日本の野球を見下した傲慢さがほのみえて、当方の不快感は消せない。使われ方が不満で命令に従わなかったトレーシーやバンプとなると、これはもう同情の余地どころではない。とんでもない言い草である。

つらつら思うに過去にもそういうことは何回となくあった。日本の野球に革命をもたらした元阪急のスペンサーにしても問題がなかったわけではない。今でも思い出すのが対南海戦での半ズボン事件である。ゲームが始まって、私がふと振り返ると、スペンサーがポロシャツに半ズボン姿でネクストバッターズサークルに座っている。間もなく彼はベンチに下がったが、あとで聞くと、当時、監督だった西本さんがスペンサーを偵察メンバーに使ったらしい。それに腹を立てた彼がアテこすりで、そんなかっこうをしたという。バンプあたりと比べるとまだユーモアがあってホッとさせるが、これとてほめられた行為ではない。日本人なら閉門蟄居《ちっきょ》が言い渡されるところだろう。

問題はこの種のトラブルメーカーのほとんどが大リーグ出身者である点だ。先ほど、あちらでの元大リーガーの社会的地位の高さに触れたが、現役となるとさらに差がつく。とりわけグラウンドの中では歴然たるものがある。練習着ひとつとっても大リーガーはピカピカの新品、片や3Aはつぎはぎだらけである。シャワーのあとに使うタオルもブランドものとバーゲン品ほどの違いがある。3Aの選手と並んだところはまるで王様と従僕である。事実、マイナーの選手はメジャーのプレーヤーに声をかけられると直立不動の姿勢をとる。そして答えるときはきまって「イエスサー」という。

そんな待遇を受けてきた連中が東洋の小島の球界にやってきて愕然とするのが、球場施設のひどさである。とくにパ・リーグはひどい。なかでも近鉄はすさまじい。マネーが藤井寺球場にくるなり、

「クラブハウスはどこだ。アメリカでは試合前、そこでリラックスしながら闘志を高めるのだが」

と尋ねたそうだ。そんなものあるはずがない。あるのは狭くて暗いロッカールームと、匂いぷんぷんのトイレである。これではプライドの高い大リーガーがガックリするのも無理はない。

なるほどわが国には郷に入っては郷に従え、という金言がある。また、プライド高きがゆえに尊からず、という、主語さえ変えれば何にでもあてはまる便利な人生訓もある。しかし、彼らにそれをいってみても始まらない。彼らはなにも日本に人生を学びにきているわけではない。破格の年俸にちょっぴり心を動かしただけなのだ。しかも、ゲンナマの威力とて全能でないのはこんどの事件で経験したとおりである。

それなら扱いにくい大リーガーをとらずにハングリーな3Aクラスの選手をとればいいではないか、という意見があろう。そのとおりだ。ロッテのリーにしても、大洋のレオンにしても、彼らは帰国したら日本でのようないい生活はできない。ヘタをすると失業しかねない。それだけに懸命に働く。しかし、近年、大リーグのチーム数が増えて選手が足りなくなったこともあって、3Aは昔の3Aではない。よほど時間をかけて探さないとババをつかまされる恐れがある。となると手っ取り早く大リーグを狙わざるを得ない。ここに外国人問題の深刻さがあるのだ。

今後、わが球界は外国人に頼る傾向をますます強めていくだろう。しかし、現状のように外国人助っ人個人とズサンな契約を続けていく以上、第二のマネー、第三のトレーシーは後を絶たないと思う。たとえば両国のコミッショナーのあいだで日米協定を結び、損害を与えた選手になんらかのペナルティーを科す、などといった措置を決めておく必要があると思う。今の状態を放置しておくと、いつの日かとんでもない食わせ者にひっかかる球団が出てくるだろう。

マネーの帰国後、事態を知ったブリュワーズのスカウト部長が、

「マネーのやつ、オレが日本にいたらライフルで頭をブチ抜いてやるところだ」

といったそうだ。あちらにだって心ある人はいるのだ。意を強くして、わが球界も、もっと断固たる態度をとろう。こうなめられどおしではかなわない。

（84・5・25）

脇役の仕事を見きわめる

タフでなければ生きていけない。やさしくなければ生きる資格がない。アメリカのミステリー小説にたしか、こんな名文句があった。後段はともかく前段の部分はわが業界で働く人間にとって必須の条件と思われる。なかでも二番バッターは精神的に強靭でないと務まらない。やわな男ではダメなのである。

二番打者の役割は接着剤に似ている。出塁したトップバッターをバントや進塁打でなんとかスコアリングポジションに送らなければならない。好球が来ても「待て」のサインにしばしば遮られる。とにかく自分を殺して三番、四番に託す。いつもチームの勝利を優先して行動しなければならない。典型的な脇役である。

だから主役になろうと思っている人間ばかりで構成されるプロ野球界にとって、二番バッターの育成は、非常に難しい。過去を振り返っても、これぞ二番というのは数えるほどしかいない。一時的に務まっても長期となると自分を抑えることが困難になるからだ。そんななかで推薦できるプレーヤーが三人いる。南海時代の同僚だったブレイザー、今はコーチになっている阪急の大熊、それに現役では阪神の弘田である。広島の山崎も将来性十分だがまだ若い。弘田のような味が出せるようになるにはもう少し時間がいるだろう。

それにしても阪神はうまい買い物をした。彼ひとりが加わったおかげで攻撃に粘っこさが出てきた。ダメ虎が猛虎に変身してしまった。もともとタイガースはチームバッティングなどという言葉とは無縁のチームである。右方向にゴロを転がして走者を進めたい場面でも次打者はブンブン振りまわす。チームの勝利より、ワイが一発やったるでえ、という気分のほうが強いから、力みかえってしまい、結局はチャンスをつぶす。そんな野球の繰り返しだった。

安藤監督は北村や平田をなんとか二番に仕立てあげようと試みたが、いずれもその任に堪えられず失敗に終わっている。そこに弘田名人の登場である。こんなにうれしいことはあるまい。

甲子園での巨人戦だったと思う。弘田がその真骨頂を見せてくれた。無死でランナーは二塁。当然送りバントのケースだったのだが、彼はきわどいところを狙いすぎて二つ失敗した。カウントは2—1。巨人バッテリーは右方向の進塁打を防ごうと内角シュートで攻めてきた。ふつうの打者ならせいぜいピッチャーゴロがいいところである。しかし、弘田はピッチャーが振りかぶった瞬間、半歩ほどうしろにさがってセカンドへゴロを転がした。おかげでランナーは三塁へ進んだ。あらかじめ内角球を予想しなければとてもこんな芸当はできない。私はこの打ち方をみて弘田のヨミの深さに改めて帽子を脱いだ。安藤監督は、

「これや、これがチームバッティングや」

とベタボメだそうだが、はしゃぎたくなる気持ちはよく分かる。

監督だけでなく他の選手に与える影響もはかり知れないと思う。私にも経験があるが、二番がなんとかつないでくれるとクリーンアップは俄然、奮い立つ。状況だけでなく気持ちにもつながりが出てくる。これが大きい。

ロッテ時代、私は弘田と同じ釜の飯を食べたが、すこぶる研究熱心な男という印象が強い。自分から口に出したりしないので注意して観察していないと分からないが、バッターによって微妙に守備位置を変えたり、走者に出るとピッチャーのモーションを盗んで果敢に走った。

今年のオープン戦で阪神が近鉄と対戦したとき、弘田が一塁に出た。彼は鈴木啓示の

モーションをじっと見据え、スキを見てリードを広げようと足を踏み出した。次の瞬間、鈴木の牽制球が一塁手のミットに音をたてて飛びこんだ。間一髪、弘田はアウトになった。ベンチに帰った彼は、

「鈴木のやつ、モーションのクセを直してるわ。去年と違う。アイツもダテに生きとらんな」

とつぶやいたそうだ。鈴木も鈴木なら弘田もさすがに弘田である。たった一球の牽制にいかにもプロといった感じがにじみ出ていて、私はこういう話を聞くと思わずニンヤリしてしまう。

しかし、これまでの弘田の野球人生は必ずしもバラ色ではなかった。昭和四十九年の日本シリーズでMVPに輝きはしたが、この種のタイプはハナからタイトルを問題にしていない。それよりも自分の仕事に対する理解を求めようとする。その点、ロッテは彼に似つかわしいチームではない。阪神以上に個人成績を重視するチームだけに報われないところが多かったと思う。といってもこの男は決してそれをグチったりしない。監督批判など論外である。そのかわり他人からとやかくいわれるのを好まない。技術的な指摘などまず受けつけない。私はたった一度、彼の田淵のような雄大な打撃フォームについて、

「なにもホームランを要求されてるわけじゃないんだから……」

と、クチバシをはさんだことがある。弘田はその場はウン、ウンとうなずいていたが、なんのことはない。今もそのフォームで通している。最初から聞く気なんかなかったのだ。頑固一徹。まるで職人のようなところがある。

二番バッターの打率はチームバッティングに徹する性格上、それほど高くならない。二割七分も打てば上出来だろう。他の打順を打つバッターの三割に匹敵すると考えていい。その考え方でいくと今の弘田はちょっとできすぎだと思う。彼自身は、

「オレは勝利インタビューを受けている選手のわきをそっと通り抜ける人間でいい」

といっているのだが、意に反してこのところ自ら「お立ち台」に立たされることが多い。ずいぶん、こそばゆい思いをしていることだろう。

高打率の原因はいくつかあげられるが、なんといっても一六三センチという小兵の利が有利に作用している。ピッチャーは相手が小さいと、つい甘くみがちだ。体の大きい強打者に対してはフトコロをついてのけぞらせたうえで外を攻めるといった具合に配球にメリハリをつけるものだが、相手が小柄だと、同じ内角でもなめた球がいく。こういう球を弘田ほどの打者が見逃すはずがない。すでに触れたように、こと内角のこなし方については、彼は魔術師のような技術を持っている。

それならそれで外に厳しい球を集めればいいのだが、ピッチャー族の頭は小柄な選手は器用だという先入観でいっぱいになっている。外をつくとうまく流されるような気がするのだ。ところが実際はリーチの短いぶんだけ外の打ち方は難しい。なかでも変化球は効果がある。セ・リーグの投手は牛若丸と異名をとった吉田義男（一六七センチ）が退いてから右の小兵に出会った経験が少ない。そのせいか攻略法にうとくなっているのではないか。

もっとも小兵の利だけでこれだけの打率を稼げるものではない。弘田の動きを見ているとベンチで真弓といつもヒソヒソ話しこんでいる。あれは二人でピッチャーのクセを検討している光景である。真弓もその道の研究にかけては人後に落ちない。同じ道を歩む人間を見いだし、弘田の探究心に、いっそう拍車がかかったとみえる。阪神に移籍して弘田はロッテ時代とは比べものにならない観衆の前でプレーをすることになった。

彼はそうした日常を、

「毎日が日本シリーズみたいだ」

と評した。沸き起こる「弘田コール」を初めて耳にしたとき、思わず武者震いがきたそうだ。球場を出てからもファンの目はついてまわる。外で食事をしていると、

「弘田さん、阪神のためにガンバッテ下さいよ」

としょっちゅう声をかけられる。こんなことはかつてなかった。弘田は今、虎風荘というタイガースの合宿の近くにマンションを借りてひとりで住んでいる。単身赴任である。朝食と夜食は合宿でとる。もちろん洗濯や掃除は自分でやる。当世、家事一般もこなす自立した男というのがもてはやされているそうだが、球界においてはまずそういった人間はいない。弘田だって決して得手ではないはずだ。しかし、現在の彼はそれが苦にならないという。よっぽど生活が充実している証拠ではないだろうか。弘田は親しい人に、

「ここが最後の死に場所だと思う。今シーズンで燃えつきてもいい。全力でやるよ」

と話しているらしい。パ・リーグで燃えつきそうになっていた情熱の火に、お客さんがたきぎをくべたかっこうだろうか。こうなったときの彼は手がつけられない。セのピッチャー連はよほどフンドシをしめてかからなければならない。丈は小さくとも今の弘田は十分にビッグなのだから。

（84・6・1）

組織の凋落はこうして始まる

　平和台球場で五月二十六日行われたヤクルト―中日戦のゲーム前、私はベンチに土橋監督代行代理を訪ねた。

「よっ、監督」

　と、声をかけるとすぐふり向いたので、

「堂に入《い》ってるじゃない。監督といわれてすぐふり返れるくらいなら、大丈夫だね」

　と、からかってやった。すると彼は、

「冗談じゃない。とんだお鉢が回ってきたよ。それに下のほうにゴチャゴチャついてんだから……」

　と、肩をすくめてみせた。ゴチャゴチャというのは「代行代理」という奇妙な肩書のことである。だいたい監督が倒れたあとを引き受けるなんて、こんな損でつらい仕事はない。本業の監督が投げ出したくらいだから負けてもともとなのだが、いざ引き受けてみるとやはり勝ちたい。なんとかしたくなる。ところがチームというのはその年のキャンプで原型がつくられていて、リリーフ監督がやっつけ仕事で戦力アップをはかろうとしても、そんな簡単にはいかない。それどころかヘタをすると患部をさらに悪化させた状態で戦わなければならない。

セ・パ両リーグでこれまで何人もの監督代行が登場したが、私の記憶では成功したのは南海の故蔭山和夫と阪神の金田正泰両代行ぐらいである。あとはおしなべて不成績に終わった。土橋のいう「ゴチャゴチャ」の仕事はそれほど難しい。戦闘にたとえるなら負け戦の殿軍《しんがり》に似ている。全滅せずに退却できれば指揮官の手柄といっていいだろう。

蔭山さんの下で私は数少ない成功例を経験した。いまから思い起こすと、なんとか勝てた原因はベテラン勢の奮起にあった。杉浦や私たちは蔭山さんから、

「私は止めたんだが、鶴岡監督の決意は固く……」

との経過報告を聞かされたとき、ガク然とした。大変なことになってしまったという気持ちに襲われた。私がキャプテンだったので、至急、ベテラン勢に集まってもらい打開策を協議したのを覚えている。もっとも打開策といったって選手にできることはタカが知れている。話し合いの結論も、

「とにかく一生懸命やるしかないぞ」

だったはずだ。が、選手の、しかもとくにベテランのヤル気というのはバカにできない。杉山光平は見違えるような打撃を見せ、森下整鎮《のぶしげ》の動きは俄然よくなった。杉浦も皆川もそれまでがウソのような球をコーナーにきめた。おかげでこの年、ホークスはどん尻から進撃して、二位にこぎつけた。チームの礎はやはりベテラン勢である。いざというときは頼りになる。

ところが、ヤクルトは屋台骨を支えるこのベテラン勢の層が薄い。若松以下もろもろの名をあげる向きもあるかもしれないが、いかんせん頭数が少ない。大黒柱が細いのである。こういうときに大杉が健在だったらどんなに違っただろう。彼は体の不調を理由にユニホームを脱いだのだが、この引退はどうも解《げ》せない。大杉に聞いても豪傑笑いが返ってくるだけで要領を得ないが、世上いわれているように休養中の武上監督との間に確執があったのかもしれない。とすればヤクルトはとんだところでツケを払わされている。

ベテランといえば松岡や井本に対する処遇も合点がいかない。二人とも今は一軍に復帰しているが、少し前まで二軍に落とされていた。表向きの理由は調整になっているが、調整なら上でさせればいい。明らかにこれには懲罰的意味合いが含まれているように思う。要するにカツを入れたのである。しかし、この種のベテラン投手を二軍に落としても決して「カツ」にはならない。気の弱い連中だけに二軍相手に打たれでもしたら逆に意気消沈して、それこそ投手生命を縮めてしまう。相手にとってはかっこうのカマセ犬である。そして咬まれたほうはもう立ち直れない。

土橋代行代理になってからさすがにそういうことはなくなって、井本を先発に起用したり、松岡を要所で投げさせたりしている。杉浦を四番に据えたのもいいと思う。用兵の基本を心得ている。昭和四十八年後期、日拓の監督に就任、苦労した経験がこんなところで役に立ったようだ。

それにしても広岡さんの率いたあのヤクルトはどこにいってしまったのだろう。なるほど当時は四番に赤鬼マニエルがいた。トップのヒルトンも奮迅の活躍をした。だが、私の目に映るのは顔ぶれの違いではなく野球の質の違いである。広岡さんは牽制プレーをしつこいほど練習した。そうすることによってランナーのリードを一歩ずつ縮めていった。たかだか一歩に過ぎないが、この一メートルがあとで効いた。ランナー二塁で後続打者がヒットを打っても、リードが小さいと三塁で食いとめることができる。牽制で実際に殺せるのは一シーズンにたかだか十回に満たないだろう。が、こうした細かいプレーを積み重ねてこられると相手はイヤな気分になる。打っても打っても思ったほど点が入らないのだ。

よく、野球は「点取りゲーム」だという。確かにスコアボードだけ見ていればそのとおりだ。しかし、強いチームというのは点取りゲームの側面だけでなく「アウト取りゲーム」としての隠された一面をもちゃんと心得ている。広岡さんがヤクルトに叩きこんだのは後者だった。守りの執拗さがあったからこそ、赤鬼の一撃も輝いてみえた。陰と陽のバランスがきちんとしていた。

なのに今のヤクルトにその面影はない。あれほどチョコマカしていた二遊間は杭でも打たれたように突っ立ったままだ。ランナーに出たときは頭から帰る。それだけ大きなリードを心がけるはずだったのにそんなシーンも姿を消した。いつの間にかスワローズはユニホームの汚れないチームになってしまった。いったい、どこで遺産を食いつぶしてしまったのか。

ヤクルトというチームはトレードをあまりしない。はえぬきの選手は出さないという不文律があるかのように聞いている。監督当時、広岡さんは江夏と柏原にご執心で南海にトレードを申し込んだ。南海のほうはＯＫのサインを出したが、ヤクルト側が見返りを出せないということでこの話は流れた。広岡さんが辞めたのもやはりフロントのトレードへの消極姿勢がからんでいた。しかし、トレードを嫌っていたのではいつまでたってもチームは強くならない。巨人のようにほうっておいても逆指名とやらで、あちらからいい選手が門をたたいてくれるところはいいが、下位球団はそうはいかない。トレードで新しい血を入れる以外に手がない。泣いて馬謖《ばしょく》を斬るぐらいの覚悟がときには必要だ。

弱いところにかぎってたいがい二軍の指導体制ができていない。いい素材がいても指導者が育成のノウハウを知らないから若木も立ち枯れてしまう。補強がない以上、戦力の低下は目に見えている。一方、選手は選手でいったん一軍に上がればこんなに居心地のいい職場はない。自分をおびやかす存在がいないのだから天国である。つい甘えが出てくる。やがてそれが組織そのものに動脈硬化をもたらす。

まがりなりにもヤクルトは日本一になったチームである。「巨人のリハビリ場」などとスポーツ紙に揶揄されるようなチームではなかったはずだ。栄光を担った選手もまだ残っている。もう一度、当時のことを思い出してほしい。思い出すことによって再生の手がかりをつかんでもらいたい。ほうっておくと代行が何人いても足りない事態を招きかねない。危機はそれほど身近に迫っているように思われる。

神経質な中西さんに比べ土橋は気っ風の良さで売る。向こうっ気も強い。ケンカをやらせたら例の下町言葉でポンポンとタンカを切って、つかみあう前に言い負かしてしまうタイプである。今回の就任劇でも、最初はちゅうちょしたらしいが、決断したあとは、

「し（引）きうけた以上は四の五のいわずにやりますよ」

と威勢がいい。沈み切ったムードを一掃するにはうってつけのキャラクターだ。それに妙な色気がないのもいい。江戸っ子は五月の鯉の吹き流しというけれど、彼の腹の中には含むところが何も見当たらない。あるとすれば「再建」の二字だけだろう。ヤクルトは瀬戸際にきて人を得たのかもしれない。ただ、いくら鯉の吹き流しといっても考えることは多いと思う。別れしなに土橋代行代理はふとこういった。

「ノムさん、ムードはいいんだよ。ムードはね……」

私には最後の「ね」がどうも気になる。このあたりに土橋の心底にわだかまる重苦しさを見たような気がした。蔭山さんが無事代役を務め終えたあと私に、

「ノムよ。オレは寂しいよ。あれだけやって球団からご苦労さんの一言もないいんやからな」

と、ボヤいたことがあった。ヤクルトは土橋をこんな気持ちにさせてはならない。たとえ結果がどうであれ、殿軍の将に対してはそれ相応の接し方がある。寂しい話は一度で願い下げにしてもらいたい。

（84・6・8）

負けに不思議の負けなし

勝ちに不思議の勝ちあり、負けに不思議の負けなし。確かどこかのパーティーに出席したときのことだったと思う。名前は忘れたが、ある企業家がそんなことを言っていた。昨年の覇者たちの最近の試合ぶりを見ていると、つくづくそのとおりだなと思う。昔の軍書あたりが原典だろうが、政治家もうまい言葉を探すものだ。

巨人の場合はあきれるほどの手抜きである。たとえば二遊間の守備がそうだ。以前はセカンドかショートのどちらかがキャッチャーのサインを覗き、それによって守備位置を変えていた。一歩か二歩のわずかな守備位置の変化が、いくたびかピンチを救った。が、今は篠塚も河埜もそんな七面倒くさいことはしない。他のチームがやらないならともかく、近ごろはあの大洋ですら、これぐらいの用意はしている。球場にいかれた方は山下と高木豊のグラブに注目していただきたい。ピッチャーの持っているものと同じ乱数表がついている。二人はピッチャーと同じようにキャッチャーのサインを見て守る場所を微妙に変える。個々の実力に格段の差があるなら話は別だが、こと守りに関して巨人の二遊間が他チームを圧倒しているとはとても思えない。ほぼ互角なのである。それなら準備に怠りないほうに分があるのは自明だろう。

守りに限らず、巨人にはこの種のことが多すぎる。負けに不思議の負けなし。つまり負けるべくして負けているのである。

ジャイアンツのケースとは違うが、西武の場合も敗戦にはっきりした原因が見てとれる。主力メンバーの老化現象である。高橋直樹を筆頭に田淵、山崎、黒田、大田、片平、東尾……と昨年の立役者を並べてみると平均年齢は三十路の半ばをちょっと出る。私は今春のメサキャンプを見て、今年一年は現有勢力でもつのでは、と予想したが、思いのほか肉体の衰えは早かったようだ。V2メンバーでまあまあなのは東尾と田淵ぐらいだろうか。その田淵にしても去年までの破壊力はない。本塁打の数はなんとか面目を保っているものの内容はよくない。つい先日、ゲーム前のフリーバッティングを見たが飛距離がかなり落ちている。いったと思った打球がフェンス際で急におじぎをする。

往年の田淵は二つのホームランゾーンを持っていた。内角の低めと外角の高めの二カ所である（真ん中はだれでも打つので論外とする）。五月二十九日の南海戦では第一打席で畠山の投じる球がこの内角低めにきた。私は一瞬いったと思ったが、打球はレフト前に飛ぶ単打にすぎなかった。さしもの田淵もどうやら腰が回らなくなってきたらしい。要するにホームランゾーンが一ヵ所減ったのである。

人間だれしも老いの兆しを知るのはつらい。野球年齢と世間一般の老化とは年に相当の差があるけれど、心のありようは似ている。目が遠くなっても素直に現状を認めたがらない、小石につまずいてもこれはちょっとした風の吹きまわしなのだと自分自身を偽ってみようとしたりする。バッターの場合、内角が打てなくなったら、それが「老眼」の始まりである。最初は疲れていて振りが鈍いせいだろうとか、相手ピッチャーの球が良すぎたのだと考えてみるものだが、やがてそうではないことが分かる。するとこんどは内角への苦手意識が芽ばえ、内側を意識するあまりフォームが崩れ、外角も打てなくなる。これは私のたどってきた道でもある。長嶋も王もみんなそうだった。

田淵はそれでもまだ老いのとば口についたばかりだが、山崎になると真っただ中という感じがする。聞けば、主力組のなかから、

「今年はもういいよ」

という諦めの声がもれ伝わってくるという。巨人という最終目標を倒してしまった虚脱感も手伝っているのだろうが、この粘りのなさはそれだけではあるまい。やはりチー

ム全体をおおいはじめた老齢化が原因している。V2は彼らの落日がもたらした最後の輝きだったのかもしれない。

V2メンバーではないが新参の江夏にも同じようなことがいえる。彼の登板内容を分析すると2点以上リードのゲームでは、八セーブをあげ、なんとか面目をほどこしているが、1点リードもしくは同点のゲームでは五度出ていってすべて失敗している。それに四死球が増えだしたのも気になる。昭和五十六年は一イニング当たりの四死球は〇・三〇にすぎなかったが、五十七年が〇・三六、五十八年が〇・三九、五十九年は五月末現在で〇・五〇と急上昇している。

スピードの衰えた分をコーナーワークでかわすのが彼のピッチングの真骨頂である。スピードがなくなればなくなるほどギリギリを狙わざるを得ない。それがちょっとずつはずれるから四球も多くなる。江夏の四球はバッターにとっての内角球と同じだ。やはり老化のバロメーターになる。

南海との十一回戦のあった日、私は久しぶりにベンチに広岡監督を訪ねた。胃が痛んで苦虫をかみつぶしたような顔をしているんじゃないだろうか、と私は内心恐れていたのだが、当の広岡監督はニコニコして、めげた様子がどこにもない。去年のほうがよっぽどピリピリしていた。これはどうしたことだろう。私はいぶかりつつも職業意識を発

揮して、

「なぜこんなに弱いんですか」

と、まず質問の一矢を射る。すると広岡監督は、

「弱いからじゃないの。弱いねん、しょせん」

と、相変わらず笑顔を崩さないでおっしゃる。ついで選手の個人評に移り、アイツも終わった、コイツも、もう終わりが近づいとる、一生懸命やってるんだが、年には勝てんなあ、というようなことを実名入りで解説してくれた。笑顔に加えてあまりに淡々とした話が続くので、私は内心をはかりかねて、二の矢は違う角度から放ってみた。

「でも、プレーオフっていう手があるじゃないですか。五ゲーム以内の二位につけたらいい……」

しかし、この問いにも彼は、

「そう、しゃかりきにいこうとは思わん」

と、例の淡々路線を少しも変えようとしない。それどころか、

「ノムラよ、ワシはいま、監督になっていちばん楽しいよ」

と、意表をつくようなことまでいうのである。この人は元来、相当な皮肉屋だし、マスコミの利用の仕方が非常にうまい。ベテランの限界をいろいろしゃべって間接的に彼

らの奮起を促そうとすることだって十分、考えられる。しかし、このときに限ってそうした他意はなかったと思う。広岡監督は本音を吐露したように思う。

振り返ってみると広岡野球というのは、ヤクルト時代も含めて運用の妙である。与えられた戦力の頭の中を「意識革命」で取りかえて、弱卒を強兵に仕立てあげてきた。ところが自ら苗を育てた経験があるか、というとそれはない。ヤクルトでは育てる間もなくチームを出されてしまったし、西武では枝ぶりもなにもすっかり固まってしまった大人を管理することに腐心してきた。しかし、広岡監督の本当の気持ちは「管理運用」よりも「人材育成」のほうに向いていた。

以上のことを下敷きにして、いまがいちばん楽しい、という発言を吟味すると、彼の内心が理解できるのではあるまいか。彼はいま、初めて念願の「育英事業」に手を染めているのだ。しかも、条件は整っている。ベテラン勢がそろって不調なのだから彼らに気がねすることなく若手を使える。若手のほうも誰かれはばかるところなく大手を振って出ていける。世代交代の時期としては格好といえる。

ではそれで万々歳かというとそうでもない。肝心の若木の伸びが思うにまかせないのだ。アリゾナの星として期待された秋山はしおれきっているし、このところレギュラーで起用されている岡村、辻、駒崎ではいかにも線が細い。昨年の日本シリーズで手堅いところを見せたキャッチャーの伊東にしても、覚えなければならないことが多過ぎる。ピッチャーに至っては総崩れで、とても一軍のマウンドをまかせられない。第一、若手の牽引車であるべきはずの石毛にしてからがあのていたらくだ。打撃はそこそこだが守備がなっていない。ライバルといわれる巨人の原があんなだから気が抜けてしまったのだろうか。

広岡監督もそうした点についてはさすがに気になるとみえ、話しぶりがグチの連続へと一変した。それと、二軍の体制が思うにまかせず「育英事業」も頓挫しがちだとどこかで聞いた。楽しさも中ぐらいといったところだろうか。

考えてみると世代交代という作業は十年単位の大事業である。巨人にしてもV9を成し遂げて十年たったいま、ようやく若返ることができた。阪急にしても今年あたりやっと新芽が吹いてきたところだ。だから西武の人事刷新も長い目で見ていく必要があるだろう。管理野球で一世を風靡した広岡監督がこんどは人事でどんな采配を振るうのか、西武はひょんなところで見せ場を作ってくれそうである。もっともまだシーズン半ばにも達してない段階ということを考えれば、とんと時期はずれの外題ではあるのだが……。

（84・6・15）

かけひきにはコツがある

原は打つときに左足が外側に大きく開く。アウトステップというやつである。それとフォームはゴルファーまがいのアッパースイングで、打った瞬間、「ナイスオン」などと声をかけたくなる。ダウンスイングを伝統とする巨人の中では珍しいタイプだ。不振続きとあってこのところ評論家諸兄の原へのアドバイスも以上の二点に集中している。それさえ直ればただちに光明が見えるような言い方をする。

が、私はそうは思わない。確かにほめられた打ち方ではないが、彼は入団以来、一貫してこの方法で通してきた。昨年はＭＶＰさえとった。見た目は悪くともこの実積を過小評価するのはどうだろうか。

プロ野球の選手はだれもがみんな技術的な限界を持っている。分かりにくければ素質の値段というふうに考えてもらえばいい。私自身のことをいえば、二割五、六分が適正価格だろう。山本浩二も渦中の原もまあ似たようなものだと思う。このレベルの打者でも若い時分にたまさかタイトルをとることはある。が、それは相手のピッチャーたちが甘く見てくれたおかげである。つまり、そう敵視もせず漫然と渡りあってくれたからであって、煎じつめれば本気でなかったことが幸いしたのだ。

ところが翌年はそうはいかなくなる。好成績を残した本人は前年と同じ気持ちでバッターボックスに立っているのだが、相手の投手は去年の相手ではない。顔形は同じでも頭の中は仕返しのたくらみでいっぱいになっている。こっちは殴ったことを忘れていても殴られたあちらは覚えている。一年間のデータを洗いざらいひっくり返してバッターを裸にしたうえでマウンドにやってくる。

となるとバッターはたまったものではない。去年とはとんと勝手が違う。打てたはずの球もコンビネーションが複雑になっているから簡単には打てない。麻雀でいえば、素直が取り柄《え》の打ち手がひっかけ専門のすれっからしへ豹変したようなものだ。こうなったときにバッターは初めて裸の自分自身と向き合う。いやおうもなく汝を知るはめになる。

原はいま、ちょうどその段階にある。つまり、カベにぶちあたっている。私が評論家諸兄の技術的指摘に賛同しないのは、原の不振がスランプではないとみているからだ。

スランプなら技術の改良でトンネルは脱出できるが、カベとなるとそうはいかない。新たな方法を探す必要が出てくる。

五日からナゴヤ球場で行われた中日三連戦では、すれっからしへと変身したピッチャーたちの姿がよく表れていた。

まず初戦の郭。去年までの郭は原のお得意さんだったが、この夜は変化球を多投し、原から三つも三振を奪った。一方の原はといえば相変わらず好きな直球に的をしぼって待っている。ところが待てど暮らせど待ち人は来ない。たまに来たと思うと内角をえぐるようなボール球だ。いくら好きでもこれでは打てない。

翌日の鈴木孝政も同様の投球をして、まんまと復讐を成し遂げた。

その後、ヤクルト戦で松岡と梶間から本塁打を放ったが、いずれも直球系の球でこれは明らかに配球ミスだ。それともヤクルト投手陣にはハナから復讐心などないのかもしれない。これなら去年のパターンでいける。原にとっては願ってもない球だったろう。ただ、これで原が不調のドロ沼から抜け出せるかというと、私には疑問が残る。

試合終了後のインタビューで彼は、

「何も考えずに無心で打ったのがよかった」

と、笑顔を見せたらしいが、「何も考えずに」というのがひっかかる。これでは大好きな直球が大好きなコースにやってくる僥倖に巡り合わなければ打てない。松岡のようにお人好しで、仇討ちなんて気は毫もない相手ならいいが、おおかたのピッチャーは武装して目の色を変えて向かってくる。バッターもすれっからしの流儀を取り入れる必要がある。

私は原と同じ入団四年目に本塁打王になった。考えてもみない幸運に恵まれて私は有頂天になった。しかし、その次の年は惨めだった。ピッチャーたちがうって変わった攻め方をしてくる。ちょうどいまの原と似ていた。

私は打ち方がまずいのだと思い、特打ちを繰り返し、フォームのチェックを何度も行った。だが、打率は二割三、四分から上昇の気配を見せない。当然、ホームランも出ない。明け方に何度も寝汗をかいた。うつうつとした日を送る私はあるとき、私を推してくれる後援者の一人と食事をした。相手は明治生まれの実業家でテーブルの話題といえば人生訓めいた話だった。私はその種の話はあまり得手ではなかったから、気のない相槌をうつばかりで老人は張りあいがなかったかもしれない。が、老人が、

「ノムラよ、世の中のすべては相対なんだぞ。私の専門ではないがバッターとピッチャーも同じことじゃないのか……」

とつぶやいたとき、頭の中で何かがはじけた。目からウロコというのはこのことだろ

う。私はそれまで打つ側の立場にしか思いをいたさなかった。相手のことなどまるで念頭になかった。しかし、ゲームのバッティングはピッチングマシンを打つのとは違う。相手もひとひねり考えをめぐらしてくる。それならその考えをあらかじめ予測すればいいではないか。いまから思うと単純すぎて感激も色あせてしまうが、聞いた瞬間は天にも昇る気がした。

私はその足で本屋をハシゴして打撃理論の本を買いあさった。当時はまだ理論らしい理論もなく、本もそう多くはなかったが、私としてはなんとか「予測」のヒントをつかみたかった。中に大リーグの強打者テッド・ウィリアムズの翻訳があって、その一ページに、

「ピッチャーにはクセがあるものだ。私は大リーガーのピッチャーの八〇パーセントが次に何を投げようとしているか見抜ける」

とあった。私はこれだと思った。以来、私はピッチャーのクセを盗むのに専念し、それを手がかりにピッチャーの心理を読むようになった。盗み、読むことによって自分も槍や刀を身につけた。素質の足りない分を「予測」で補ったのである。

長嶋や王のように天分だけで三割が可能なバッターなら別だが、わがランクのバッターはみんな、こうした方法で不足を埋め合わせてきた。私にしても山本浩二にしても、

そうすることによって並みいる天才たちに伍してやってこられたのだ。

原に話を戻すと、彼はこれまで読む打者ではなかった。いうまでもなく切実な必要がなかったからだが、これからはそうもいくまい。

「大学時代からヤマを張った経験ないんです」

なんてノンビリしたことをいっている事態ではない。現状を打開するための一番手っ取り早い方法は、変化球にしぼって打席に立つことである。相手は十中八九《じっちゅうはっく》が直球を見せ球にして外角のカーブかスライダーで打ち取りにくる。とにかく変化球攻めの基調は変わらない。だからその逆手をとる。

それで打てれば大成功だが、ヒットにならなくとも変化球に意識の向いているところをピッチャーに見せれば、まあ、よしとしよう。要するに偽装工作である。直球オンリーのレッテルがついた原がそうした動きを見せるとバッテリーは、おや、いつもと違うぞと思う。次いでそれならストレートで様子を見るか、とくる。直球に的をしぼるならここである。少なくともこれぐらいの迷彩をほどこしたうえで待つことだ。

私は原の入団した年、三球で料理できる打者だといった。去年、それが一時、三・五球ぐらいになった。ところが今年は逆に二球に落ちてしまった。本気になった相手と遭遇して面食らったせいだろうが、考えるまでもなく相手をその気にさせたのは原自身である。自分でまいた種は自分で刈らねばなるまい。

梶間から本塁打した十日のゲームで守備位置についた原は、帽子をとってさかんにファンに笑顔をふりまいていた。ひょっとすると不振から抜け出せたと思ったのかもしれない。しかし、重ねていうが梶間のあの球は投げた本人も認める失投である。失投を見逃さなかったというほめ方もあるが、失投はそうたびたびあるものではない。それをアテにしての打撃開眼だとしたら甘すぎる。甘すぎるどころか、このままずっとトンネルを友にしなければならない心配さえある。

原は一刻も早くかけひきのコツを会得することだ。わが郷土には「働き一両、考え五両」という俗言がある。いまの原を見ていると「特打ち一両、かけひき五両」といいかえて書き送りたい衝動に駆られる。

（84・6・22）

「見つける」「生かす」「育てる」

山高きがゆえに尊からずと同じで、監督も長きがゆえに尊からずのはずだった。しかし、これは昔の話であって、今みたいに一年で答えを出せ、それがダメなら二年でなんとかしろというオーナーの至上命令がごく当たり前とされる時代にあっては、逆にその長命の中に何か特別な能力を認めるほうが理にかなっている。

早いもので古葉がルーツの後を継いで足かけ十年になる。現役監督では阪急の上田を上回る長期政権である。広島といえば名古屋と並んで地元意識の強いお国柄だ。勝っても負けても選手たちはスンナリと球場を後にできない。ファンも球団も一族意識がきわめて強く、はえぬきのプレーヤーをトレードに出したりするといつまでも尾を引く。

「難しいところやからな、あそこは……」

と、あの江夏がこぼしていたことがある。とにかく雑音が多い。その難しい組織の中で古葉は何人もの主力選手やコーチを切ってきた。山本一義、大下両コーチ、水谷。地元との関係はないが江夏ですらトレードに出した。となると、そのつどチーム内部はガタピシ揺れ、ファンは冷たい男だと罵る。当事者としてはいかにもつらい。

こういう場合、処し方としては二つあると思う。そのひとつがどこかの監督経験者のようにひたすらオーナーにゴマをする方法である。この男はオーナーが午前中不在なのを知っていながらわざわざ朝からオーナー室の前で待ち続け、忠誠心に訴えるのが得意だった。生きのびるためとはいえ、見えすいた阿諛《あゆ》を平気でやってのける神経が私にはたまらない。

古葉はそういうタイプではない。愚直といわれようとなんといわれようと、自分の信念にもとづいて仕事を進めていく。最近、わが業界でもとんと見かけなくなったオーソドックスな人間である。広岡監督のように大向こうをうならせる派手さはないが、チームを強くするための方法や試合の采配ぶりは驚くほど似ている。広岡大明神から「意識革命」とか「自然食」といった現代ウケする言葉を差し引くと、おそらく古葉の顔があぶり出しになる。フロントもそのあたりを先刻ご承知なのだろう。だから古葉の「十年」はダテではない。名将だからこそと言い換えてもいいと思う。

いつだったか、山本浩二がこんな話をしていた。

昭和五十年、カープが優勝したシーズンの半ばごろのことだ。山本は腰痛が出たため、古葉に休ませてほしいと申し入れた。すると古葉はひとこともいわずに背を向けてどこかへいってしまった。山本はそれを暗黙の了解と受けとり、そのゲームは休むつもりでいた。が、なんとなく心にひっかかるものがあったのでダッグアウトに顔を出した。すると場内アナウンスが、四番、センター、山本と告げた。古葉はそのときの山本がツエにすがらんばかりの格好であればおそらく申し入れにうなずいたと思う。しかし、一見するところ山本はふつうに歩いている。痛いといっても程度が知れている。古葉は病状をそう読んだのである。

いささか手前ミソになるが南海のプレーイングマネジャー時代、私は指が骨折していようと足が肉離れしていようと試合には出た。それが主力選手の務めだと思ったからだ。私に限らず周囲もそうだった。古葉はホークスのコーチをしていたからそういう場面をイヤというほど見ている。山本の腰痛などケガとも病気とも思っていなかったことだろう。

話が飛んだが、アナウンスを聞いた山本は大あわてでグラウンドに飛び出した。そして終盤に決勝のツーランホーマーをたたきこむ。そのあと山本は、

「やっぱり野球選手は休んだら損だわ。出てなんぼだものね。いい経験になった」

と、照れくさそうに頭をかいたそうだ。

監督の仕事は「見つける」「生かす」「育てる」だと、私は常々考えているが、このエピソードの中には各要素がすべて盛りこまれていると思う。当時、山本はすでに四番バッターではあったが、この処遇でさらにひとまわり大きくなったはずだ。

人を育てるといえば昨今、この男ほどその手腕にたけた指導者はいまい。投手陣、打撃陣、どこを見ても若い力の台頭がめざましい。

たとえば小早川がいい例である。彼についてはわれわれ評論家のあいだで、かなり早くから素質のよさが話題になった。西本さんなどはひと目見ただけで、

「あれはエエで、四番を打てるタマや」

といってはばからなかった。当然、古葉もそれを知っていただろう。ふつうならオープン戦から先発で使ってもおかしくはない。ところが、古葉はそれをしない。私の見るところでは、同じ一塁に長内がいたからである。長内は高校を卒業してまっすぐカープに入団した。以来八年、努力の末、去年やっとレギュラーの座を確保した。しかもこちらもなかなかの人材ときている。だから古葉は不調にもかかわらず長内に執着した。ずいぶん、我慢をして使い続けた。

私は我慢の限界がいつごろか実は楽しみにしていたのだが、それは五月になってから

だった。つまり一カ月間の猶予を長内に与えたのだ。こうすれば長内も納得する。彼個人だけでなくナインも監督の気持ちを察するにちがいない。そして長内もいつの日か小早川を抜き返してやる、といったプラスの敵愾心を燃やすようになる。チームにとってこんなにいいことはない。

単に温情主義というのとはちがう。かといって非情に徹するという表現も適切ではない。そうではなくて組織全体を生かすためにどういう選択がいちばん合理的か、古葉の人使いの背後にはいつもそういう精神が貫かれている。人心掌握にかけては、ひょっとすると現役ナンバーワンかもしれない。

その古葉が昨年のシーズンオフ、辞意を漏らしたそうだ。優勝を逸した責任を痛感してのことらしい。その場はなんとか取りなされて今シーズンに至ったわけだが、私には彼がいまだに辞表を懐にしているような気がする。今シーズンに賭けている気配が感じられる。不思議なもので、そういった雰囲気というのは選手に自然に伝わるものだ。不信感に満ちみちた指揮官の場合は、ざまあ見ろ、ついでにハシゴもはずしてやれ、といった具合になるが、彼のように信頼されている男の場合は、それがかえってチーム内に危機感を呼び、全体が一丸となるように作用する。私には今の広島がそう見えてならない。

といっても精神的な高揚感だけで勝利が転がりこんでくるほど野球は甘くない。戦力的な裏づけが当然いる。今シーズンのカープを見ると、打では山崎の成長が大きい。それに先ほども触れた小早川や西田といった若手が力をつけてきているから、バラエティに富んだ攻撃が可能だ。投手陣も大野が一本立ちし、昨年不振だった山根が復帰した。新鋭西武から来た小林が抑えと中継ぎの二方面に使えるのもゆとりをもたらしている。山本和男とベテラン古沢の仕事ぶりも見逃せない。全体的に判断すれば戦力は去年より一〇パーセントは上がっていると思う。

もっとも広島の場合、カギを握っているのはやはり山本浩二と衣笠の両ベテランである。去年、いいところまでいきながら、後半持ちこたえられなかったのは、二人の体力的な限界が微妙に影響している。夏バテがカープの泣きどころといわれるゆえんである。今年、彼らはさらに熟年度を増した。山本三十八歳、衣笠三十七歳。プロの場合、三十代後半の一歳は一般の人の三年分ぐらいにあたるから、気候のいい今でこそ好調を保っているが、夏場は去年よりずっときつくなると考えたほうがいい。衣笠はともかく、山本は早くも疲れが出たとみえ、十五日の中日戦では八年ぶりに五番に降格した。技術とか心の持ちようとかでは解決のできない分野だけに対策の立てようもないが、期間中、苦しくとも休養をとらせ、その間は若手でしのぐほかはないだろう。

古葉は四十九年の秋、当時、南海の監督だった私の手元から離れていった。最初は病弱の奥さんの療養を故郷の広島でさせてやりたいからといっていたが、私はピンときた。それ以上の理由を本人がいわないのでこちらも問わないでいると、いよいよというときに会いたいと呼び出しがかかった。

「監督さんにはいっておきたい。お察しのとおり広島にいきます」

というのである。予想はしていたものの、嘱望していただけにいささかガッカリもした。だが、私はよくいってくれたと思った。そして、

「お前は将来、カープの監督になるよ」

と言葉を返した。すると古葉は声をたてずに泣いた。それから十年がたった。

（84・6・29）

ライバルに差をつけるということ

球界ではチーム内に同姓の選手がいると、名字の下に名前の一字をくっつけて両方を区別する。南海の両山内なら「山内孝」「山内和」といった具合にである。ヤクルトにいた鈴木康二朗が近鉄に移ったとき、かの鈴木啓示御大は、

「ワシはいままでどおり鈴木でええよ。あっちを鈴木康にすればすむやろ」

と、のたまわったそうだ。実際にこんな言い分が通るわけはないが、それを承知でひとこといってみるところがいかにも鈴木らしい。さすがに最後の三百勝投手。大投手特有の、オレが、オレが的性癖をちゃーんと持ち合わせていらっしゃる。

ところで、ひとことで大投手といってもいくつかのタイプがある。私はそれを「金田型」と「稲尾型」とに分けている。サウスポーだからというわけではないが、鈴木は明らかに金田型である。金田型というのはだいたい弱いチームの出身者に多い。バックは

エラーをするし、打線もアテにならない。結局、頼れるのは自分の力だけである。どうしても唯我独尊、わが道をいくというスタイルになる。

持って生まれた性格にもよるだろうが、しょっちゅう優勝を争うようなチームになると、同じ大投手族でもひと味違う。プライドの高さという点では一歩もひけをとらないのだけれど、こちらは多少なりともチーム全体を考える。一種、幅の広さのようなものを持ち合わせている。たとえば稲尾について考えてみよう。この男は昭和三十六年、四十二勝をあげて西鉄の勝利に貢献した。極端にいえば登板間隔は稲尾、雨、稲尾という繰り返しだった。しかし、稲尾は三原さん（故人）の過酷とも思える起用に黙って耐えた。

これが金田天皇だったらこうはいくまい。おそらく自分の体を思いやって、いささかなりとも抵抗をしたことだろう。なにもこれは金《かね》やんがどうのこうのというのではない。いわばチーム環境がそういうタイプのピッチャーをつくりだしたのである。

近鉄が初優勝した五十四年、西本さんは火の車の投手陣をやりくりするため、鈴木にリリーフ役を頼むと持ちかけた。すると、鈴木は、

「肩がつぶれたらだれが補償してくれるんですか」

と逆に質問したという。このへんが金田型と稲尾型の違うところである。前者は自分

が二十勝することがチームの優勝につながると考え、後者は優勝するためには自分が二十勝しなければならないと発想する。どちらを優先させるか微妙なところだが、この選択が両者を分ける。稲尾型の山田（阪急）や堀内（巨人）だったら、おそらく西本さんへの答えも違ったものになっていたと思う。

しかし、こと練習や体調の維持の話になると金田型はすさまじい。徹底的に自分を痛めつける。稲尾型といえどもちょっとマネができない。鈴木の練習を見ていて感心したのは、キャッチボールひとつにしても決して手を抜かないことだ。並のピッチャーなら下手から投げたり横手から投げたり、ふざけるものだが、彼は投球時と同じフォームでキチッと投げる。ランニングをするときでも漫然とは走らない。ふとももを人より高く上げたり、腰をひねる運動をとりいれたり、小さなところで工夫を重ねている。

鈴木はまた、雨を好むそうだ。私はゲームがなくて体を休ませることができるからかなと思っていたが、聞けばそうではないらしい。

「雨だと他人は練習せんやろ。その間にこちらはやる。差をつけるチャンスなんや」

というのである。なるほど「個人商店主」だけのことはある。自分の体だけが元手という冷厳なる事実を知りつくしている。そういえば彼はタバコはやらないし、酒もたしなむ程度だ。パチンコ屋も冷房がきついからといって足を踏み入れない。まれに喫茶店に入っても、注文するのは牛乳に決まっているという。

もともと速球派で、プロ入り二年目の四十二年から六年連続して三振奪取王に輝いた。しかし、単調なピッチングとコントロールの甘さから本塁打配球王といわれた時期もあった。ふつうスピードに自信のあるピッチャーは、いつまでもその幻影を追い、夢を捨てきれないものだが、鈴木は五十年ごろからコントロール派へと転身した。そしていつの間にか小山正明（元阪神）の持つ最多無四球試合の記録を塗り替えてしまった。私の見るところでは、この転向が彼をここまで長命の投手にしたと思う。

もっとも制球力がついたといっても、「稲尾型」のコントロールではない。稲尾型は内角を生かすために外角をついたり、直球を見せ球にしてカーブで仕留めたり、といった具合に手口が巧妙で小憎らしかった。それに比べ鈴木はあまりかけひきめいたことをしない。外角の直球と小さなカーブに絶対の自信を持っていて、ここを軸にグイグイ攻めてくる。とくにカーブは右打者から見ると　ベースの外側いっぱいをなめるように入ってくるので、実に打ちにくかった。

両者のピッチングをたとえるとしたら何だろうか。稲尾型は打者の心理まで深読みするから、さしずめ心理学者といえようか。それに対し鈴木は完全に技術者である。相手のことよりも球の速度やベースを横切る際の角度といった、投げる側の諸問題に多く目がいく。最高の球が投げられる技術的な条件を満たしてしまえば、あとは野となれ山となれ、打てるものなら打ってみろ、となる。ふつうコントロールのいいピッチャーは四球を苦にしない。それどころか、ピンチで相手が強打者の場合はくさいところばかりをついて、あえて歩かせたりする。ところが彼は、

「四球は卑怯や」

といって、それを好まない。貧乏性の私などは、勝負にいったために失った勝ち星のことをつい考えてしまう。チームも鈴木自身もストライクを投げて、ずいぶん多くの白星を逃したはずだ。

それはさておき、こういうことは相当の自信がないと、いえるものではない。球界を見渡して、いま、これだけの放言を吐けるのは鈴木をおいてほかにない。この面でも金《かね》やんの系統を継いでいる。ただ、卑怯やという言葉はあまりに情がこもりすぎていて「投げる技術者」にはふさわしくないような気がする。

むしろ「技術者」という現代的な乾いた印象ではなく、職人と呼んだほうがピッタリ落ち着くような気がしないか。

いつだったか鈴木とテレビの番組で話し合ったことがある。テーマは投手の分業についてだったと思う。私は彼が、

「ワシはだれの力も借りん。そのかわりワシも他人を助けんよ」

と、完投至上主義を持論にしているのを知っていたので、そのあたりに質問を集中した。かくいう私はご承知のように分業推進派である。というより打撃技術の一方的向上によって先発、中継ぎ、抑えというシステムは、近代野球にとって避けがたい流れだと思っている。というわけで両論の丁々発止を期待したのだが、鈴木は、

「ノムさん、ワタシはどうもそういうことが好かんのです」

とか、

「ワタシのほうは自分でやりますから結構です」

などと答えるばかりで一向に話がはずまなかった。

考えてみればそれも無理ないのかもしれない。前にも触れたように鈴木が入団した当時の近鉄はパ・リーグのお荷物と呼ばれ、選手も負けに慣れきっていた。そんな中で彼はたったひとり、研究を重ね、トレーニングを積み、自分の地歩を築いてきた。おそらく彼には助けてもらったという経験がないに違いない。

そのせいか、これだけの偉業を達成し、チームの大黒柱であるにもかかわらず、彼はチーム内で独りでいることが多い。派閥活動なんて思いもよらない。仲間と連れだってワイワイやるということもまずないという。オールスター戦で一緒になったときも、み

んなが野球談議に花を咲かせているのに、積極的に加わってきた覚えがない。「趣味は？」と聞かれて、日がな一日、電話の取りつぎも断ってホテルに閉じこもっていることと答えるほどだから、よほど孤独が性に合っているのだろう。

テレビ対談のとき、私は準備していながらつい聞きそびれたことがひとつあった。それは、

「監督になったとき、お前さん、投手のヤリクリをどうするつもりなんだい」

という質問である。近い将来、鈴木は人を管理する立場になるだろう。自分ひとりを律するためなら草魂管理術もいいが、間に他人が入ってきたときにはどうだろうか。私はそのときまでこの質問をとっておこうと、心中、ひそかに期している。


（84・7・6）

「愚直」と「篤実」の管理術

中日の山内一弘監督ほど物にこだわらない人間も珍しい。人も甲羅を経てくると天真爛漫《らんまん》などという心持ちとは疎遠になるものだが、山内さんは五十路《いそじ》をこえていまだにそれを持ち合わせている。いつだったか、巨人のヘッドコーチだった牧野茂さんと会ったとき、自然に話題が山内監督論になった。

彼いわく。

「ジャイアンツで打撃コーチをしていたときね、彼は面白かったよ。一生懸命、相手チームの選手にバッティングを教えちゃうんだから。ケージのところで、ちがう、ちがう、もう少しタメて、なんて具合にね。あんまり熱心なんで今からゲームする相手に教えるなよって、こちらもみみっちいことをいったもんだよ」

中日では、この「真実一路」が大いに当たった。当たったというとそこに何か計算でもあるように聞こえるが、もとより彼にそんなもののあるはずがない。ひたすら熱心なのである。

ただ、いくら熱心でも、そこに功名心などといった不純物が混ざっていると、選手たちはたちどころに見抜いてハナであしらうようになる。ドラゴンズのように仕事ができて、かつクセ者がそろっているところでは、この傾向が非常に強い。腹にいちもつなど隠し持っているとすぐ裸にされる。逆に監督が試されるようなところがある。

その点、山内監督の場合はどこをたたいても「愚直」「朴訥」「篤実」以外の音は返ってこない。私心がないからこそ、上川や中尾は、昔の山内さんそっくりのバッティングフォームで打ちまくっているし、去年まで首脳陣のアドバイスに耳を貸さなかったモッカが、

「ボスのいうことは正しい」

と良い子になりきっている。これは山内監督の個性がナインに受けいれられた証拠といっていいだろう。

中日の好調の秘密はなんといっても打線である。六十六試合が終わった時点でホームランは百四本、ヤクルトのざっと三倍にあたる。一試合あたりの得点も五・二九と他を圧倒。広島も打つには打つが、それでも五・〇五だから、こと打撃に関してはずぬけて

いる。江川をたった十六球で葬りさった集中力や、大洋相手に史上四度目の毎回得点を成し遂げたすさまじさを見ていると、往年の西鉄野武士打線を思い出す。高倉は打つことにかけては職人だったがまず走らない。まるで田尾とウリふたつだ。亡くなった大下さんは谷沢と似た天才肌だし、中西さんは大島と同じで、一度ノッたら手がつけられなかった。関口さんはポカも多いが、意外なところでゲームをひっくり返した。これは宇野に似ている。

個々の比較はともかく中日は西鉄同様、ヒット・エンド・ランとかバントを織りまぜた細かい攻撃をめったに見せない。ランナーが出てもベンチはほとんど動かない。選手を信頼しきっている。そうこうするうちになだれのような攻撃が始まり、ベンチはまるでお祭りと化す。

で、当の山内監督は何をしてるかというと、みんなの浮かれようを、

「おいおい、まだ試合が終わったわけじゃないぞ」

とか、

「テレビに映るかもしれんぞ。ちゃんとしたカオせぃよ」

などと鷹揚にたしなめる。ウソかまことか、あるときなどは選手全員がノリきってしまい、代打を告げる場面で監督より先に選手のほうから、

「マサ（正岡）いけ」

と、シュプレヒコールがかかったそうだ。いわれたほうもムードにひたりきっているから、よおしっとバットを持って出ていきかけたらしい。そこで山内監督がなんといったのか、それは定かではないが、中日野武士集団の一体感を表す格好のエピソードだと思う。こんなところも昔の西鉄を彷彿とさせるではないか。いずれにせよ、微に入り細をうがつ近代野球の雰囲気は、ここにはない。もしかすると中日はそういうもろもろを突き抜けてしまったのかもしれない。極端にシンプルな野球をする。

現役時代の山内さんは物差しで測ったようなホームランを打った。上段に突きささる中西さんの本塁打は打たれたほうも仕方がないなと納得できたが、山内さんのはギリギリに入るから、当方としてはすごくくやしい思いをした。

打撃だけでなく守りもコンピューターのように正確だった。各球場のフェンスのクッション具合を研究しつくしていて、動きにムダがなかった。足も肩も平均点程度なのに補殺率（捕球後の送球によって、打者走者あるいは進塁しようとする走者を間接的に制した比率）が高かったのはこうした努力を抜きには語れない。しかし、いかに彼が守備に気を配ったといっても、バッティングに使った神経に比べればものの数ではないと思う。

よしあしではなく、これは外野手の職能的宿命である。

どのチームもキャンプでよく、トリックプレーの秘密練習をする。走者一、二塁とか無死二、三塁とか、いろんな想定で行うが、外野手に回ってくる役回りはたいがい刺されるランナー役である。これでは細かいサインプレーに興味を持てといっても無理だ。自然、彼らの情熱は守りより打つほうに向かう。

別当さんが大洋の監督だったとき、南海時代の同僚、森下整鎮《のぶしげ》が守備担当コーチをしていた。森下は守備が自分の仕事だから、牽制とかフォーメーションプレーに時間をさいて、来る日も来る日も繰り返した。

すると、あるとき別当さんがやってきて、

「そんなことといいから、もうバッティングやろ、バッティングを」

といったそうだ。

別当さんといえばもちろん外野でならした人である。そしていく先々で好打者を育てた。大毎の葛城隆雄、近鉄の土井正博、大洋の田代富雄たちが弟子である。

守りがうまかったといっても山内さんもやはり打撃の専門家で、ロッテの落合、広島の高橋慶彦と一流どころの手を引いてやった。監督の類似性ではこの二人が一番ではなかろうか。二人とも典型的な外野手型監督である。

人には持って生まれた性格というものがある。こればかりは争うことができない。同じ内容を口にしても、ネアカ人間と反対のタイプとではまったく違ったことに聞こえたりする。いったほうは何も含むところはないのに、いわれたほうは余計なことを勘ぐったりする。鈴木孝がノックアウトされたとき、山内監督は彼を迎えながら、

「孝政、今夜の貸しはいつ返してくれるんだ」

といったそうだ。

するると、鈴木は照れくさそうに、

「この次、返しますから」

と頭をかいてやりすごしたらしい。なんでもないやりとりのようだが、これは山内さんならではであって、ほかの人がこんなことをいったら、

「なにいってるんだ」

と、たちどころにヘソを曲げられかねない。

中日は山内監督の前に近藤、中《なか》と二人の時代があった。ご両者には恐縮だが、山内さんと比べると二人ともいささか神経質で理論家肌の冷たさを感じさせる。そこへいくと山内さんは情緒派で茫洋としている。

「優勝して、みんなでハワイへいこうや」

といった感じなのである。情緒型人間の多いドラゴンズにはピッタリはまっている。監督にはさまざまな型がある。水原型、三原型、鶴岡型、西本型、最近では広岡型が代表的な監督像だろう。広岡監督のは、川上さんの流れを汲む管理野球である。こういう諸流派の中で、山内流はどれに近いかというと、これがなかなか判断しにくい。先ほど触れたように打者の育て方や練習方法からすると別当型なのだが、人の使い方となるとちょっと違う。ポケットマネーをさいて監督賞を出したりするところは三原さんに似ているようにも思うが、三原さんの報奨金や選手に対する「よいしょ」は術策として確立していた。人を動かすための意識的な方法だった。ところが山内監督の場合、表面上は似ていてもそこまでの作為はないと思う。

それでは広岡管理野球かというと、これとはまったくおもむきを異にする。広岡式であったらとても中日を率いることはできなかったろう。と、こう考えていくと、この人の管理法（この言葉は似つかわしくないが）には型がないことに気づく。よくいえば融通無礙《むげ》の自然流である。もっぱら山内一弘という個性によって支えられている。それだけにこの流儀は継承しにくいと思う。山内さんがこれから先、何年、ドラゴンズを率いていくのか私は知らないが、一時代を画したとしてもその人心掌握術や人事管理のノウハウは他人にはマネができないに違いない。

ところでセ・リーグのペナントレースは広島と中日の争いに落ち着きそうな気配だ。「情の山内」に対し、広島の古葉監督はいわば「理の人」の側面を色濃く持っている。「情」と「理」といえば昔から日本人が好む対立の図式である。キャンデーボーイぞろいのタレント野球の巨人が脱落して、久しぶりに古典的な勝負が楽しめそうになってきた。

（84・7・13）

飛車や角を使いきれない

先日、試合前のグラウンドで巨人の王監督と立ち話をした。立ち話といっても一時間ぐらいは話しこんだ。王とは名球会などで顔を合わすことはあるが、とりわけ親しい間柄ではない。その私を前に彼は憑かれたようにしゃべった。こちらはときどき相槌を打つ程度である。聞きながら私は複雑な思いにとらわれた。まわりにだれか、王の胸底を理解できる人間はいないのだろうか。立ち話には彼の深い孤独がそのまま表れていた。

中身は全編、王の嘆き節である。細かくは触れないが、たとえばスミスについては、

「左手首が痛いというんで休ませると、練習も休んじゃうんだ。普通なら肩ならしとかランニングぐらいするもんでしょう。何日かたって、ボス大丈夫というんで使うと、いきなり外野から思いきり返球する。で、こんどは肩が痛いとくる。いきなりやれば、そりゃ、痛くもなるよね」

といった具合である。

だいたい監督業というのは選手を叱るのとほめるのが仕事の大半を占める。その両方が綾をなして、はじめて監督の個性が浮かびあがる。

逆に選手たちは監督の叱り方、ほめ方を見ながら指揮官を理解していく。なかでも叱責は重要だ。叱るときはつい本音が出る。ふだんはオブラートに包んである監督の野球観が怒りの助けを借りて生身をさらす。逆説めくが、これが使う者と使われる者とのあいだに信頼や理解の橋をかける。重箱のスミまでほじくって、ガミガミやるのはどうかと思うが、信念にもとづく大目玉はチームに欠かすことができない。

王と話していて、私は彼があまり叱らない監督だと思った。もろもろを自分でのみこんでしまうタイプなのである。しかし、これは、よくない。王の精神状態のためにもだが、それよりもナインとの相互理解を阻むという点で罪が重い。スミスにしてもガツンとやられないから、これでいいのかとタカをくくり、同じことを繰り返すに違いない。

嘆く前に王にはやることがある。

バッターにとってホームランの味は忘れることができない。全身にしびれるような快感が残って、まるで麻薬のように尾をひく。これと似ているのが監督にとってのヒット・エンド・ランである。決まるとチャンスが広がり、采配を振るう側にたまらない爽快感を残す。だが、子細に点検してみると、この戦法は快感の割に成功率が低い。私の試算ではよくても一割ちょっとである。

去年の藤田監督と王を比較してみると、今年の巨人は好んでこの戦法を使うように思う。もともとエンド・ランというのは打力のないチームの用いる奇策である。打てるチームはちょこまか策を施さずともバッターがなんとかしてくれる。巨人の打線は本来の実力からすれば、こういう作戦はあまりいらない。監督が動かなくとも選手たちがキチンと打ってくれる。

ところが、王はめったやたらにこれをやる。進塁を画する作戦のひとつだから実行するのはかまわないが、それにもおのずとTPOがある。

たとえば中畑や原のときにこのサインを出す。すると、どうなるか。

ふつうバッターというものは自分の狙いを持ってバッターボックスに入る。中軸打者ともなればなおさらである。ところが、エンド・ランの指示が出るとバッターはどうしても進塁打を念頭に置く。ついついバッティングが小さくなり、せっかくの大砲の持ち味が死んでしまう。下位打線や一、二番ならともかく、クリーンアップに命ずる作戦にしては消極的に過ぎる。

そればかりか、目先の進塁ばかりにとらわれているとエンド・ランなんかより、さらに奇策が飛び出すものだ。四番の原や中畑に送りバントをさせたことが、そのいい例である。巨人にあっては四番であろうと従容としてバントの指示に従う。それこそが巨人野球だなどという人がわれわれ同業者にもいる。そういう連中はたいてい、あの長嶋だってしたんだ、といってしたり顔でいる。しかし、これは話が違う。私の記憶では、長嶋がバントをしてみせたのは彼の最晩年で、もう昔日のおもかげのなかったときのことだ。

だいたい四番とか五番打者に、そうむやみにサインを出すものではない。彼らは打って、塁上にいるランナーをかえすのが仕事だ。そう思って打席に入ったとたん、バントのサインが出たら、彼らはなんと思うだろう。とくに原の場合はショックが大きかったと思う。現在の不振は相手投手の配球が読めない、という彼自身の問題からきているが、それだけではあるまい。三年かかってようやくふくらみかけた自信とプライドが、あのたったひとつのサインでガラガラと崩れてしまったのではないか。

巨人の実力はまぎれもない。私は、いまでもそう思っている。しかし、実力といっても、首脳陣との信頼関係がなくなるとたわいのないものである。たちどころに影が薄くなる。先ほどエンド・ランのバッターへの悪影響に触れたが、これはなにも打つ側だけの問題ではない。走るほうにも微妙な影を落とす。六日の中日戦で五回表、松本が無死から四球を選んだ。ここで王はエンド・ランをかける。バッターは吉村である。ところが、吉村は空振りで、走った松本は二塁で憤死してしまった。松本ほどのランナーになると塁上でピッチャーのクセを盗み、呼吸をはかり、走るために万全の体勢をとる。これはちょうど四番が打席に入るときの心構えと似ている。そこへエンド・ランの指令が出る。集中力はたちどころに失せる。

六十七試合が終わった時点で彼の盗塁数は二十四。去年の同時期は四十七盗塁だったから、いかに減少しているかお分かりいただけるだろう。これはなにもマークがきつくなっているせいではない。原因は使われ方にある。

端的にいって王は動きすぎだ。せっかちにアレコレやることによって、その道に秀でた連中の自信を喪失させてしまった。松本も二打席打てないと代えられたことがなんどもあった。こうなると、もう盗塁どころではない。打てるかどうかというところでびくつくし、塁に出てもいい結果を出さないと自分の身が危ないと思っているから注意力も散漫になる。松本に限らずみんなが敵よりも監督の顔色をうかがいながらプレーするようになっている。

私なら松本が出塁したら盗塁するのを待つ。篠塚が打席に入ったらヒットを待つ。原がバットを構えたら長打を待つ。このチームは指揮官は動かないほうがいい。動かないで、個々の選手が十二分に力を出せるような環境をつくってやることだ。そうしないと今季だけでなく、将来にわたってよからぬ影響が残るような気がする。

ドラゴンズに十四連敗を喫した夜、サヨナラ押し出しの決勝点を与えた角はしばらくマウンドから立ち上がれなかった。うつむいたままへたりこんでしまった。思えば角も今シーズン不遇をかこつ一人だ。球が走らないという理由でなかなか使ってもらえない。やっと出番がきたかと思うと、こんどは力みが先に立って思うように投げられない。当然、結果は悪い。そうこうするうちに首脳陣の勤務評定が下がってストッパー役を一時、降ろされる。代役は西本である。角という男は江川あたりと違って気分転換がヘタだ。いちどはずされると容易に元に戻れない。それだけに西本との交代は慎重に運ぶべきだった。代える前に角の再生の可能性をもう少し検討してもよかった。

しかし、七日でその望みも消えたようだ。自分の職場を追われるかもしれないという不安感にとらわれている角は、ひとかけらの余裕もない状態で投げて、いいところなく崩れた。無精ヒゲが顔に青く浮き上がり、まるで半病人のように映った。

今シーズン、王は鹿取と吉村を育てた。しかし、半面、いまだに松本、原、角を生かしきれないでいる。差し引き勘定は明らかだと思う。前回の中日三連戦で負けたあと、王は宿舎に選手を集めて、こういったそうだ。

「去年とメンバーは同じなのにどうしたんだ」

私はこれを聞いてずいぶん、大胆な発言だと思った。理由はあえていわない。

（84・7・20）

頭の柔らかさを見抜け

あいつには投げる球がない、どこをついてもハネ返してくる、お手上げだ、というのがパ・リーグ各チームのブーマー評である。それを聞いて私は不思議な気持ちがした。二メートルの長身を見ていると、失礼ながらそう器用そうには思えないし、足ながおじさん的スタイルは重心が不安定で確実性に欠けるような気がする。なのにどうして落合や福本が頂戴しそうな巧打者の形容詞がつくのだろう。

私はそんな疑問を抱きながら、後楽園での日ハム戦で彼を観察した。このゲームは木田が投げた。不調の底にいる彼にしては直球に伸びがあり、変化球のキレもまずまずだった。第一打席、その木田の投じたパームボールをブーマーはスタンドに運んだ。文句のつけようのないホームランだった。言い方がいささか不遜のように聞こえるかもしれないが、私はこの一発でブーマーの打者としての資質に丸印をつけることができた。ブーマーは最初から木田のパームに狙いをつけていたと思う。パームは二球目だが、その前の球は外角寄り真ん中の直球である。ふつう外国人選手はストレートに的をしぼってくることが多い。とくに初球は十中八九《じっちゅうはっく》そうである。多少、ボールくさかろうとおかまいなしでブーンとくる。しかし、ブーマーのバットはこのとき、ピクリともしなかった。これはおかしい。外国人一般の性質に逆行している。なにかがにおう。用心深いバッテリーならたちまち頭の中が疑問符だらけになるところだ。

これから先は私の想像だが、ブーマーは過去に木田のパームにキリキリ舞いさせられたことがあるに違いない。バッターのイロハに、一度やられた球を狙えという原則がある。スライダーで三振に打ち取られたバッターは次の打席で、そのスライダーを待つのである。ピッチャーのほうは、牛耳った球を過信して、必ず二匹目のドジョウをもくろんでくる。単純といえば単純だが、一シーズンを通じて長い連鎖の中で、この原則を墨守しているバッターは近ごろではそう多くない。

ブーマーがこの古典の信奉者であることは二打席目以降ではっきりした。いうまでもないことだが、やられた球を狙えの裏返しは打てた球は捨てろである。ブーマーは二打席目で、こんどは一転して直球にしぼってきた。投じられた五球のうち、ストレートすべてに手を出したのが、そのいい証拠だ。その打席はしかし、木田の直球がコースいっぱいにきまり三振。続く三打席目は敬遠の四球。そして四打席目である。

賢明な読者諸氏はこの打席、ブーマーが何を狙っているか、もうお分かりいただけたと思う。二打席目で三振を食ったストレートである。ブーマーは木田の初球ストレートを測ったようにセンター前に打ち返した。バッテリーからすれば、打ち取った記憶が次々に破られていくから、どこに投げても打たれるという錯覚にとらわれがちだが、なんのことはない、彼は当たり前のことをやっているだけなのだ。

来日した外国人をつらつらながめてみると、成功した選手はきまって頭がいい。頭といってもここでいう頭は学校の成績とは関係がない。野球頭脳のよしあしのことである。外角のシンカーをひっかけてばかりいたマニエル（元近鉄）はプライドを捨てて流すようになり、打撃の幅を広げた。阪神のバースもマニエルに似た対応をして成功している。オリオンズにいたアルトマンは変化球の多い日本の投手に合わせる必要から、ヒッチ（引っ張る）する従来の打法をすぐに改めた。もう一人の代表的成功者スペンサー（元阪急）は主力投手のクセを徹底的に観察してスペンサーメモを作り上げた。彼は顔と名前が一致しなかったのでメモはもっぱら背番号で記入した。これをいつもユニホームのポケットにしのばせ、そのつどひっぱり出した。

要するにこういった選手は頭の構造が非常に柔らかい。郷に入っては郷に従えという、ものの道理をよくわきまえている。最近では巨人のクロマティにこの資質がうかがえる。

変化球主体の日本の野球がやっと分かってきたように思う。

先日、西武のベテラン捕手・黒田と、ブーマーについて立ち話をした。私が、

「アイツ、内角の胸元は打てんだろ」

というと、黒田は首を横に振って、

「いやいや、ブーマーはベースから離れて立ってるから胸元いっぱいをつくとボールになっちゃうんですよ」

と意外なことをいった。

ブーマーの打ち方はちょっと変わっている。打ったときふつうなら左手首を返すものだが、彼は返さない。そのままおっつけていく。ナタかオノを使うならそれもいいが、バットスイングとなるとすごく窮屈で、見目のいいものではない。外見はともかく、これでは内角が打ちにくく、ピッチャーたちに苦手はここですと教えているようなものだ。

黒田との会話の中で、私が内角の話をしたのはそのせいである。ところがブーマーはベースから遠ざかることによってその弱点を克服した。これだとストライクゾーンぎりぎりの内角球はブーマーにとって真ん中の好球になるし、ブーマーの内ぶところをえぐるとなると完全にはずれてしまう。それではと、反対に外をつこうとすると猿臂《えんぴ》を伸ば

して球をうまくとらえる。食えないヤツである。

彼の履歴をみると3A生活が長い。大リーグ経験はあったとしてもないに等しいのではないか。彼のように打法上の欠陥を持つ選手はやはり大リーグでは敷居が高いと思う。ただ、彼の場合、技術的に大リーグは無理でも頭脳的には十分大リーガーとして通用する。その知育偏重のところがまた、なんともいえず日本の野球にマッチしている。ところを得たといってもいいだろう。

ブーマー株の上昇には皮肉なことに同僚のバンプが一役買っている。バンプのほうは現役の大リーガーである。ブーマーとは育ちが違う。ところがこの男がとんだ食わせ者だ。サインは無視するし、首脳陣のいうことも聞かない。

上田監督という人間はほめるのがとてもうまい。短所には目をつぶり長所を生かすタイプの指導者である。ついこのあいだも、会うなり向こうから、

「ノムさん、ブーマーはいいで、よお、やってくれるわ」

と、問わず語りにしゃべりだした。ところが、話がバンプへと移ると、

「あの小さな体で大リーグ張ってきたんやから、相当なハッスルプレーヤーなんだと思うんだけど、どないもならん」

と、さすがに称賛は聞かれなかった。それはそうだ。いくら上田がほめ上手でも怠慢

プレーをする選手を持ちあげるわけにはいかない。監督の沽券にかかわるし、だいいちそんなことをしたらチームがバラバラになってしまう。文字どおり、どないもならんのである。

それだけにブーマーが余計に輝いて見える。バンプは四年契約で年俸が一億円近い（推定）はずだ。これに対しブーマーは三千五百万程度（推定）、契約は二年契約だから今年で切れる。となればだれの目にも費用対効果は明らかだろう。わが国の風土に合ってどちらが判官になるかもおのずと決まってくる。

さて、そのブーマーだが、研究熱心やハングリー精神が実を結んで、あわよくば三冠王もという絶好の位置につけている。したがって、スポーツ記者たちの質問はそのあたりに集中する。なかでもホームランに対する期待が大きい。ところが、話がホームランに及ぶや、彼は、

「オーノー、その話はノーね」

と、顔を曇らせるという。聞けば、その理由の中には自分がホームランバッターではないという自覚のほかに、ホームランを打つことが日本球界での地位の安定に必ずしもつながらないという彼流の判断が含まれているらしい。そういわれればなるほどそうかもしれない。日ハムにいたソレイタにしても、元阪急のケージにしても飛ばし屋である

と同時に三振のほうも目立った。つまり不安定な要素が強い選手だった。そして、それゆえ滞在年数は短かった。

バンプに比べ、低いといってもブーマーの年俸はアメリカ時代とは比べものにならない。当然、日本で長くプレーしたいだろう。ブーマーはそのへんの計算をきちんとしているにちがいない。だからこそ、日本のファンが重きを置く打率をよくしたいなどというのだ。去年はガブ飲みしていた清涼飲料を今年はピタッとやめたという。まさか管理野球ブームに便乗したわけではあるまいが、なかなかわが業界の動向に精通していらっしゃる。バッティングの読みに関しては巨人の彼の君に、清涼飲料の件は南海の肥満児君に、それぞれお中元として差し上げたいぐらいだ。

（84・7・27）

人間の引き時

田淵が監督推薦でオールスターに選ばれたとき、私は自分のことを思い出した。忘れもしない昭和五十五年のオールスター戦である。当時、私は西武に在籍していた。といっても四十五歳のロートルだから、公式戦の出番は数えるほどしかなく、成績は寂しい限りだった。オールスターに出られるなんて毛の先ほども思っていなかった。

そんな私を監督の西本幸雄さんが選んでくれた。知らせを聞いたとき、私は胸がいっぱいになり、すぐに西本さんにお礼の電話をかけた。受話器の向こうで西本さんは、

「お前さんの技術はまだまだ捨てたもんじゃない。いいとこ見せてや……」

というようなことをいったと思う。電話のあいだ、この人は引退のいの字も口にしなかったが、私には「野村に最後の花道を飾らせてやろう」という西本さんの気持ちが痛いほど分かった。

七月二十一日、後楽園で行われたオールスター第一戦の試合前、そんな昔の思い出を抱きながら、ロッカールームに田淵を訪ねた。会うなり田淵は、

「監督推薦されたとき、まっさきにノムさんのことを思いましたよ」

といった。私のことというのは、いうまでもなく五十五年のオールスター戦を指している。口もとには人なつっこい笑みが残っていたが目は笑っていない。彼が真剣なときに見せる表情である。

「今シーズンで引退するのか」

私は単刀直入に聞いた。すると彼は、

「九〇パーセント、そのつもりです。残りの一〇パーセントは後半戦での自分との闘いだと思っています。その一〇パーセントが九〇パーセントをハネ返すってことだって考えられますけどね」

といった。会話にいくばくかの含みを残すあたりに、まだ決めきれない心の揺れを感じさせるが、私は十中八九《じっちゅうはっく》、彼の引退は間違いないと思っている。

塀際でボールがお辞儀をするようになった。ホームランバッターの寿命をはかるのに、よくこういう言い方をする。確かにそれはある。自分ではやったと思ったのに球が飛ばない。外野手が定位置で笑っているように見える。こんなはずではなかったと、いたく

自信を喪失する。しかし、もっと老いを感じるのは高校を出たての新人投手にひねられたときだ。全盛期にそんなことがあった晩は誰でも頭に血がのぼって眠れない。くやしさと恥ずかしさがないまぜになって、明け方まで不完全燃焼が続く。ところが年をとると、そういう闘争心がなくなってくる。南海の畠山や日ハムの津野あたりにひねられても、クソーッという感じがしない。寛容になってしまうのである。私の晩年もそうだったが、最近の田淵にも同じ気持ちがあるらしい。

もうひとつ、老いては名馬も駄馬に劣るというけれど、疲労の回復力が極端に落ちる。田淵の場合、去年は一日休むと体が軽くなって、休暇の効果がてきめんに現れた。ところが今年は一日休んでも二日休んでもシャンとしないという。こうなると集中力とか緊張感を保てなくなるから、駄馬ならぬ駄球に簡単にやられてしまう。

第一戦の九回表、田淵は無死二、三塁のチャンスに代打で打席に立った。しかし、牛島の投じる外角のカーブをひっかけてショートゴロに倒れた。えらく難しい球である。往年の田淵なら振り出したバットを途中で止めたに違いない。だが、悲しいかな集中力が落ちている。はたから見ると、バットは、まあいいや、打ってみますかとひとりごとでもいいながら球に向かっていったかのようだ。きつい言葉でいえば、弛緩そのものである。これでは打てない。

田淵ほどの選手になると、その出処進退がなかなか難しい。そろそろ潮の引き時だよといってくれる人がいないからである。私の場合もそうだったが球団も監督も同僚も、思っていてもそんなことはおくびにも出さない。ひたすら本人がいいだすのを待っている。一方、ご本人は昔の勲章がいまだに輝いていると思いこんでいるから、なかなか決断がつかない。かといって、あまり優柔不断でも名声に恋々《れんれん》としているようにとられて面白くない。人間の引き時というのは、ホームランを打つより、よっぽど難しい。私も思い知らされた。

九〇パーセントはやめるといっても一〇パーセントの迷いがある田淵はそのへんがやはり気になるらしく、私が、

「監督に、選ばれた理由を聞いたの？」

と尋ねると、

「いや、聞いてないんですけど、気になりますね。ノムさん聞いてきてくれませんか」

と、これまた例の真顔でいった。私も過去に同じような体験をしているだけに、彼にいわれずとも、広岡監督の心底を確かめたかった。今週はなんだか廊下とんびみたいだが、あたふたとこんどは監督室に赴いた。

すると広岡監督は、

「田淵を出したのは花道なんてことじゃないよ。オールスターにはオールスターの顔がいるだろ。それだよ。成績からいえば、出られる仕事はしていないけど、彼はプロ野球の功労者だからね」

と、理路整然とおっしゃる。そういわれれば、なるほど合点がいく。しかし、私はその一方で、それならもう一人誰か忘れていやしないかと思った。江夏である。彼も今シーズン、自慢できるような成績をあげていない。選にもれて、なんの不思議もない。が、功労者であり、顔役であるという点からいえば、この男が田淵と並んで選ばれてもよかったのではないか。

だが、聞けば江夏はどうも功労者としての必要条件を満たせなかったらしい。広岡監督は詳しくは言及しなかったが、トレードを直訴したり、一問一答形式のチーム批判をスポーツ紙に掲載したり、またぞろ悪い虫が動き出したようだ。これでは反逆者であって功労者とはいえまい。長年の付き合いがある身としては、困ったことである。頭が痛い。

さて、話を田淵に戻す。私と田淵との最初の出会いは、彼が阪神に入団した四十四年のオールスター戦だった。いま、広島の小早川が騒がれているが、当時の田淵の人気はその比ではなかった。パ・リーグのベンチは大騒ぎで、張本などは、

「こちらが勝っても田淵に打たれたら負けと同じだ。ノムさん、打たしたらいかんよ」と、私がベンチに帰るたびに食いつくような大声でハッパをかけた。そのせいではないのだが、最初の打席、彼を2—0と追いこんで、私は、

「お前、新人やから次は直球や、打たしたる」

と、ささやいた。あとで聞くと田淵はこれを真に受けて、ストレートに的をしぼっていたらしい。ところが、こちらが要求したのはカーブである。田淵は見逃しの三振に倒れた。いまなら、こんなことをささやいてもセセラ笑うほど海千山千に成長した田淵も、新人のころはウブそのものだった。もっとも悪いことはできない。次の打席で田淵はホームランをかっとばし、私はパ・リーグの連中に大いに怒られた。

そうした現役バリバリの田淵を知っているだけに、最近の姿を見るのはつらい。ツボに入った球でも思ったほど飛ばない。それに内角を突かれると腰がまわらないという意識が先に立つから、外にくると難しい球でもつられるように手を出してしまう。先に触れた第一戦の打撃がこの典型だった。

そんな感慨を胸に、試合前の彼のバッティング練習を見ていると、広岡監督が横にやってきた。

そして、

「これぐらいの球ならまだ働けるんだ。でも、実際のゲームでこんな球はこんからね。OBのオールスター戦ならいいけど、現役ではどうかね……」

などと真骨頂の辛口批評を口にした。この人は本当に面白い性格の持ち主だ。監督室では西本さん同様、引退のいの字もいわなかったのに、グラウンドに出てくるとずいぶん核心に迫ることをいう。西本さんに比べると思いの丈を腹にしまっておけないタチのようである。つい本音が出てしまう。世間では広岡監督のことをマスコミを通じて選手を踊らせる名人であるかのようにいうが、本当はもっと単純で、こと人間関係に関しては、計算のない人なのかもしれない。

それにしても今後、こんなイキなはからいのできる監督が出るだろうか。性格こそ違え、西本さんも広岡監督も苦労人である。それに功成り名を遂げているから評判を恐れる必要がない。だからこそ、こうした人選を易々とやってのけられた。これからの時代は成績優先主義をかかげてオールスターの顔など平気で切ってのける監督が増えるのではないだろうか。

私も、田淵もその意味では、人と時に恵まれたように思う。

(84・8・3)

出き過ぎる男の出処進退

野球の話を始めたら徹夜も辞さないというタイプの人間は球界広しといえども、そう多くはない。昨今ではむしろ、探すのに苦労する、といったほうがいいかもしれない。私の知る限りではまず広岡監督、ついで江夏と中日の山内監督である。だから、江夏が西武に入団すると聞いたとき、私は素直に喜んだ。この男は堅忍不抜の野球理論の持ち主が大好きなタチだ。自分の野球論と合わなくとも、相手のそれが深ければそれなりに敬意をはらう。広岡監督なら理論闘争の相手として申し分ないに違いない。ライオンズは、彼にとって望みうる最高の職場だと思った。

江夏自身もそのへんに相当の期待を抱いていたらしく、私がスプリングキャンプの地、メサにいったときには、久しぶりに目の色が変わっていた。とくに広岡監督との会話が楽しみのようで、子どものようなはしゃぎっぷりだった。もっとも話を交わすためには相手に近づかなければならない。江夏の場合、その接近方法がいっぷう変わっていた。ライオンズは十二球団の中で、もっとも綱紀の厳しいところである。練習中でも、無帽は許されない。ところが江夏はあえて禁を破る。帽子どころか、ストッキングもキチンとはかない。といってなにも生来の自堕落というわけではない。長年の付き合いから推し量ると、これは彼流の接近策である。入り組んでいてややこしいが、江夏はこういうことをやれば必ず広岡監督が小言をいいにやってくる、やってきたところでもろもろの話をしよう、と考えていたように思う。

ふつうの常識なら、話があればその旨を伝えて、そこからスタートとなるのだが、江夏にはなかなか、その常識的な手順が踏めない。話し合いのきっかけづくりも手がこみすぎていて、うっかりすると相手に信号が届かないままに終わってしまう。そうなったらそうなったで、この超難解人間は、

「ふん、それだけの人間か」

と、勝手に相手を見限る悪いクセがある。となると永久に音信不通が続き、お互いが理解しないまま終わる。つくづく疲れる男だ。

ただ、さすがに広岡監督はそのあたりの機微を心得ていて、

「江夏は球界の宝だ。現役でいるあいだに学べるものを学びとれ」

などとナインにいって、間接的にエールを送ったりしていた。第一ラウンドは、両者ともまずまずといった具合だった。

三十年間、プロ球界にいて、江夏ほどの選手がこの程度の病状で二軍落ちした例を、私は見たことがない。今シーズン、ヤクルトの松岡と井本が二軍行きを命じられたことがあるにはあるが、江夏と松岡では格が違う。確かに病気治療という名目はついている。だが、胃潰瘍の前期症状などというのは江夏にとって病気のうちに入らない。それを病気というなら、彼の持病の「心臓疾患」のほうがよっぽど怖い。

南海の監督時代、江夏を投げさせていて、しばしば経験したのだが、彼はときどき激しい胸の痛みに襲われる。一度などは試合の最中に発作がきて、ベンチをベッドがわりにした。あの巨腹がフウフウ、波打つのだから、こちらは真っ青である。トレーナーなどは、

「こりゃ、休ませないかん」

と、オタオタ走りまわっていた。

ところが、しばらくすると発作はウソのように収まり、本人はケロッとした表情でマウンドに戻っていく。それに血行障害もある。肩も万全ではない。つまり病気といえば全身病気だらけなのである。しかし、西武は江夏のこうした体調についてそれほどこだ

わったフシはない。なのに今回の胃病では大騒ぎだ。どこか腑に落ちないところがある。

これは先週もちょっと触れたが、オールスター戦で広岡監督が気になることをいっていた。江夏がトレードの希望を出してきたというのである。それだけでなく、一部のスポーツ紙に球団批判をブチ上げたそうだ。そのとき、広岡さんは、

「彼はなにを考えてるのかね。まったく分からん、あれほど賢い男のことだから、なにか計算があるんだろうが……」

と、半ば思案に暮れ、半ばサジを投げたような口ぶりだった。どこでボタンをかけ違ったのか、そこにはメサで垣間見た二人の関係はなかった。病気騒動も当然、ここいらが震源地だろう。蜜月は、半年ともたなかった計算になる。

実力的に見ると、江夏の力の衰えは隠せない。直球に往年の威力がなくなった。不思議なもので、ストレートがダメになると変化球のキレも悪くなる。ピッチャーは球に力を伝える技術者である。その技術の中で基礎といわれるのが直球で、変化球は応用とみていい。応用はよくて基礎だけ悪くなるという症例は過去にない。両方がともに衰退していく。その原則は今の江夏にもピタリとあてはまる。直球だけでなく、カーブもかなりひどい。今シーズン、彼は一点差ないしは同点での登板のほとんどを失敗している。かろうじて面目をほどこしたのは二点もしくは三点リードしていたときである。これで

はストッパーの意味は半減する。

広岡監督の言葉を借りるまでもなく、江夏という男は計算とか先を読むことにたけている。ピッチングだけでなく、世渡りのほうもなかなか上手にそろばんをはじく。私が南海をやめたとき、江夏は、

「ホークス一の功労者をこういうかたちでやめさせる球団は信用ならん」

と、人を感動させるような援護射撃をしてくれた。アイツ、あんなことをいってクビになったらどうするんだ、とこちらがハラハラした。ところが、そのときすでに本人は広島入団の根回しを進めていたらしい。だからといって援護射撃の有り難さが失われるわけではないけれど、どうしてどうしてなかなかちゃっかりしている。そんな過去を知っているだけに、今回もなにか裏があるのではないかと思わないでもないが、あるにしてもこんどに限って、江夏の計算に狂いがあるような気がしてならない。

実力プラス計略イコール金もうけ、というのが彼の世渡り方程式である。これまでは大本にあたる「実力」が備わっていたから、この数式ももくろみどおりの答えを出してきた。ところが、いまの江夏の実力は昔日の彼のものではない。名前で相手のバッターを牛耳れるのもそう長くはあるまい。そこを江夏は見誤っている。広岡監督が「分からん」というのも、おそらく同様の理由からだと思われる。

江夏は無類の麻雀好きである。手作りに凝って小憎らしいような上がり方をする。それだけなら問題はないが、負けたときがいけない。聞けばずいぶん、相手を不快にさせるらしい。「あいつとはやらん」という同僚の捨てゼリフを何回も耳にしている。その結果、付き合いの範囲がどんどん狭まってしまう。

いつだったか、私は友人との食事の席に江夏を誘ったことがある。江夏はレストランに通じるエレベーターの扉が開くと、年長のこの友人を先に通した。友人は江夏の評判を知っていたのでオヤッと思ったそうだ。だが、この好印象もエレベーターに入るや、とたんに消え失せたという。別に江夏が礼を失したというのではないのだが、とにかく友人は気づまりになったという。密室の中でなんともいえぬ圧迫を受けた、とあとで聞かされた。要するに江夏本人は意識しなくとも、他人に気を使わせる存在なのだ。こういうタイプは、よほど対人関係に気を配らないと相手が離れていってしまう。これは理屈ではない。麻雀の流儀そのままに世の中を生きていこうとすれば、本音で付き合ってくれる人間がいなくなるのは目に見えている。

南海時代から私は彼と腹を割った付き合いを続けてきた。そもそも彼と親しくなったなれそめからして強烈だった。江夏がホークスにやってきた最初の年のことである。どことの対戦だったか忘れたが、二死満塁で彼がとんでもないボールを投げて押し出しの

負けを喫した。私は彼の制球力から考えて解せないと思い、帰りの車の中で、

「いいにくいことをいうが、お前、八百長やってるんじゃないだろうな。あんな球、ほうると誤解されるぞ」

といった。江夏は、

「ほんまにいいにくいことをいいますな」

と、ひとこと返してきたが、本音でものをしゃべったことがきっかけになって双方の垣根がなくなったと思っている。以来、私と彼はいろんなことを話し合ってきた。なかでも、私が口をすっぱくして言ってきたのが、引き際についてだった。江夏ほどの逸材であっても、ボールを持てなくなるときが必ずくる。投げているあいだはまわりの人もチヤホヤするだろう。だが、野球から離れて、いままでと同じような生き方ができるのかどうか。いや、その前にきれいな引き際を飾ることができるかどうか。

江夏の野球頭脳は傑出している。だれもこれを疑うものはない。だが、社会的頭脳となると話は違ってくる。野球学もさることながら、一刻も早く「人間学」の勉強に精を出すべきだろう。

一連の騒ぎが気になったので私は江夏の入院先へ連絡をとってみた。すると受話器の向こうから、

「このまま終わりとうないすからね。まだ、やりますよ」

と、例の愛想のない声が聞こえてきた。その意気やよしである。ただ、これからの一年は美しく老いるための貴重な時間であることを、江夏にはくれぐれも肝に銘じてもらいたい。心の底からそう思う。

（84・8・10）

「情」のリーダー、「知」のリーダー

広島の衣笠は、このところ、私に会うと同じことばかり聞く。

「ノムさん、長寿の秘訣を教えてくださいよ。ボクの年ごろにはどんな生活してたんですか」

彼は正真正銘の野球狂である。この仕事が好きでたまらない。だからこそ骨折したり高熱が出ても、なにくわぬ顔でグラウンドに出ていく。しかし、その衣笠もおんとし三十七歳。いまだカープの中軸とはいえ、すでに峠は越えている。そのことは彼自身がいちばん知っているに違いない。私との話の中身がそういったあたりを行き来するのも、衣笠が年齢の壁を強く意識している証拠だ。

しかし、せっかく尋ねられても私には答えようがない。確かに節制ということはあるだろうが、それでも老化の速度を止めることはできない。つまるところ寿命なのである。

だから彼に対する私の答えも、

「銀座へ出撃する回数を控えたらどうや」

と、半ば冗談めいたものにならざるを得ない。

さて、本題にはいる。

広島というチームはこの十年間、山本浩二と衣笠でもってきた。自動車にたとえれば二人はエンジンである。チームが高速で走るも、ノロノロで前進するも、彼らの活躍いかんにかかっている。たとえば昨シーズン、カープは七月まで〇・五ゲーム差で首位を走っていた。この時点での山本の成績は打率三割六分八厘、本塁打二十七本、打点七十と申し分なかった。ところが八月にはいるや二割二分四厘、一本塁打へと急降下する。これは衣笠も同じだ。七月までの成績は三割一分四厘、十七本塁打だったが、山本同様、八月の声を聞くと二割六分三厘、三本塁打へと、エンスト寸前の状態になってしまった。エンジンがこんな調子だからチームのほうもとたんに失速する。五勝十四敗二分け。カープの昨年八月の戦績は惨憺たる有り様だった。

これはなにも去年だけに限らない。一昨年も八月は五勝十五敗四分けと極端に不振だった。そして今年も一勝三敗一分け（八月五日現在）という不吉な数字が出ている。カープファンにとっては非常に気になるところだろう。

それでは、どういう対策をとったらいいのか。答えは二つしかない。一つは古くなった大型エンジンにもうひと働きしてもらうことである。しかし、山本にしても衣笠にしても好きこのんで打たないのではない。さまざまな夏バテ克服法を試み、バッティングのチェックを行い、望みうる最高のコンディションで出場して、なおかつこの成績なのである。したがって二人にこれ以上の期待をかけるのはむずかしい。

となると、残る手は動力機関を新品に取り換えてしまう方法である。具体的には小早川や長島あたりにエンジン役を交代してもらう。ところが、これがまたなかなかの難事である。思い切って交換しても、代わったほうが重圧に耐えられるか。それに、代えて失敗したときにチーム全体に悔いが残り、妙なわだかまりになっても困る。下位のチームなら思い切った手術もできるが、優勝を競っているチームだけに手術には勇気がいる。ここはやはり旧式のエンジンを使いながら、うまい時期を見計らって補助エンジンを作動させる手しかあるまい。広島にはどうやら端境期のやりにくさがある。

私の経験では盛夏の八月にいい成績を残せないチームは優勝に縁がない。夏に強いところは相手の力が失せる猛暑の時期に敵を攻めたてることが可能だからだ。これは個人成績でも同じことがいえる。私は夏が大好きだった。ピッチャーの球はヘナヘナと力がなくなり、打ちごろになるし、ライバルの打者たちが夏バテにでもなってくれたらしめたものだ。たくさん打って貯金をしておこうというような気でいつも打席に立った。王も張本も夏になると目つきが変わっていた。彼らも私と同じような気持ちでいたのだ。

まだ八月は始まったばかりだが、広島優勝の可能性は間違いなく今月にかかっている。五分以上の成績で通過しなければペナントには手が届かないだろう。そこへいくと中日には自称夏男が何人もいる。ピッチャーの郭がそうだし、このところ三連続ホームランをかっとばした宇野や田尾あたりも暑さをそう苦にしない。

だいたい夏男といわれる人種は気分転換がすこぶる早い。どうせ夏は暑いんだ。お日さまをうらんでも涼しくなりゃしない。それならバリバリやろうじゃないか、といった具合である。そのせいか、ドラゴンズの成績は昭和五十八年の八月が十三勝七敗三分け、五十七年が十勝八敗六分けと、広島と対照的に夏を得意にしている。これはチームの体質のせいもあると思う。

カープの場合は古葉にしても、山本、衣笠の動力源にしても考えこむタチである。スランプになろうものならとことん突きつめて夜も寝ない。沈潜していく性質に共通性があって、それがまたチーム全体のカラーになっている。こういうチームはつまずくと自分で穴を深く掘ってしまうから、なかなか脱出できない。暑さに対しても、天気図をにらんで太平洋高気圧の張りだしが相変わらずだな、などとつぶやいたりする。最高気温が気になって仕方がない。熱帯夜が続いて眠れなかったりすると、とたんに気が滅入る。ところが、中日ナインは簡単に開き直ることができる。ラテン系民族のような陽気さがある。これは大きい。今年のように一カ月近く試合消化のペースの早い年は、とくに八月の勝敗が覇権の行方を分けるように思う。

野球に限らず勝負ごとというのは得意技の有無が勝敗を左右する。最近ではそれを勝ちパターンなどというらしい。両チームを比較すると、広島は明確な勝ちの型に欠ける。あえていえば山本浩二、衣笠が打って先発投手が完投する場合だろうか。しかし、この先発投手陣というのがクセ者だ。北別府、山根、大野、川口とあげると、なるほど質量ともに豊かな印象を抱くが、だれを出しても絶対的なキメ手に欠ける。Aクラスのピッチャーはいるのだが、絶体絶命のピンチを託せるエースがいない。西武から小林がきて、ときにストッパーとして起用されているが、いかんせん粒が小さい。その意味では広島は江夏がいなくなって以来、投手陣に切り札がいなくなってしまった。接戦になったとき苦しくなるような気がする。

そこへいくと中日は牛島というセ・リーグ一のストッパーを持っている。広島に比べ先発投手陣の層の厚さでは見劣りがするが、牛島の存在が、他を補って余りある。その牛島がこれまた夏男というのもドラゴンズにとっては助かる。シーズン当初こそパッとしなかったが、六月以降は十四試合に登板して一勝一分け十セーブと、完璧に役割を果たしている。ややもすると中日は打線のチームのように思われがちだが、勝ちに結びつけていく力という点では牛島の右腕に軍配が上がる。貢献度はナンバーワンといってもい。

采配を振るう監督も打つ側も投げる側も、牛島が控えているというだけで安心感が持てるし、ゲーム運びを計算できる。全員が後半まで何点差でいけば、といった具合の見積もりをしながら試合をしている。つまり結集力が出てくる。この結集力の強さという点では、おそらく中日は十二球団でも一番だろう。敵の城砦をキリでうがつような力強さがある。ただ、中日はここにきて中尾をケガで失った。私は彼のリード面をそれほど買っていないが、打と守備はリーグ一といっていい。それだけに彼の不在がドラゴンズにどういう影響を及ぼすか、気にかかるところではある。

以前、この欄で両監督の指揮法を「情の山内、理の古葉」といったことがある。考えてみると、それはなにも監督の指揮法に限ったことではなくチームカラーそのものになっている。広島は走力を生かし、細かいサインプレーを使い、いわば近代野球の流れを汲む試合運びをする。ところが中日はこの逆で、ひたすら力でねじ伏せようとする。野球そのものは大味で、時代がひと昔前に戻ったような感すらある。ただ、面白いのは、ひた押し派の中日に近代野球の花ともいえるエースストッパーがいて、近代野球を標榜するほうに名火消しがいないところである。いつの時代もままならないもののようだ。

（84・8・17）

新戦力開発の影に名伯楽

「カール・ルイスが球界にいたら、盗塁の記録を塗り替えていたでしょうね?」

オリンピックでの印象がよほど強烈だったらしく、このところ、いろんなところで同じような質問に出合う。しかし、この種の質問に対する答えはすでに出されている。ご記憶の方もいると思うが、昭和四十四年、ロッテに飯島秀雄という選手が入団した。百メートル競走に十秒一の日本記録をもつあの飯島である。球団は彼の足に多額の傷害保険をかけ、前景気をあおった。お客さんも異質の顔合わせに、続々と球場の門をくぐった。

ところが、結果は、飯島の惨敗だった。在籍三年間の成績は百十七試合に代走に出て、わずか二十三盗塁をきめたにすぎない。直線距離を突っ走る短距離走と盗塁とは、似ていながら実はかなり内容が違う。飯島はその違いに泣いた。ルイスであろうと同じことだ。

　速ければいいというのなら、福本より速い選手はたくさんいる。たとえば大洋の屋鋪、ヨードンで走らせたら相当差がつくと思う。事実、直線を走る福本の足は思ったほど速くはない。いつだったか阪急時代の同僚だったヤクルトの石井晶コーチから、

「たわむれにチーム内で競走したことがあるんです。百メートルだったかな。そしたら山田や簑田のほうが勝ちましたものね」

　と聞かされたことがある。

　それではなぜ、スピードではほかの選手に劣る福本が、塁間競走の勝者になれるのだろうか。理由はひとつ、盗塁が速さだけを競うものではないからである。福本がピッチャーのフォームの熱心な研究家であることはつとに名高いが、彼はそれだけでなく、スタートやスライディング方法の研究にも余念がない。余念がないどころか、この道の第一人者といって差しつかえない。

　いうまでもなく、盗塁の基本はスピードだが、それだけでは足りない。だれが造語したのか知らないが、盗塁とは塁を盗むと書く。盗むというからには警護はつきものである。ガードマンやら番犬やらをやりすごさないことにはお宝は手に入らない。福本はそれに必要なこまごましたテクニックを突きつめていった。千盗塁はいわば福本流の集大

成といっていいだろう。ルイスならという人は、走ることばかりに目を奪われて盗塁のもうひとつの側面を見落としている。

希代の盗賊も寄る年波には勝てないとみえ、このところ盗塁数では大石大二郎（近鉄）や松本（巨人）の後塵を拝しているが、まだまだテクニックでは抜きんでている。たとえば福本はピッチャーに合わせて何種類ものスタートができる。セットポジションのうまい東尾に対してはこれ、モーションの大きいロッテ深沢に関してはこれといった具合にである。大石や松本あたりはまだ力まかせに走っているだけで、こうしたワザの蓄積はない。二人のほかに大洋の高木豊、広島の山崎、日ハムの島田誠と、後継候補はたくさんいるが、いかんせん、まだ青い。福本の域に届くためにはこれから相当、修業を積まなければならないだろう。

とにかく、憎たらしい男だった。出塁すれば必ず走る。ここ数年、成功率が七〇パーセント台に落ちてきたが、私が対決していたころは全盛期である。成功率が八五パーセントを超えた年もあった。ということは、こちらがなんとか知恵をしぼって彼の足を封じようとしても、確率からいくと可能性はたかだか一五パーセント程度にすぎない。安打であろうと四球であろうと、ひとたび出塁を許せばそれは二塁打に等しかった。こんな悔しい話はない。

当方の歯ぎしりを知ってか知らずか、ファーストベース上の福本はこちらを見て、ときどきニヤリと笑った。挑発である。私はそれならピッチドアウトで殺してやろうと心に決めてサインを出す。次の瞬間、福本は走る。よしやった、ひっかかったぞとこちらは思う。ところが走るのはかっこうだけで、ちゃんと一塁に戻っている。ピッチドアウトが何の役にも立たない。そして、彼はとみると、こちらの心底を見透かしたかのようにまたニヤリと笑う。さすがに二度も続けてピッチドアウトはできない。そんなことをしたら打者をまるまる利してしまう。カウントもなにもあったものじゃない。福本の二度目のニヤリはこちらが手詰まりになったことを哀れんでの笑みである。まるで、

「ノムさん、ムダやで」

とでもいっているかのようだった。ピッチャーとボールを通じて会話を交わしたことはあるが、塁上の敵とこんな形で交信をしたのは後にも先にも彼ひとりだ。もっとも、私は一度たりとも話し合いたいと思ったことはないのだが……。

といって、私たちが手をこまぬいていたわけではない。珍案奇案なんであろうと役に立ちそうなものはすべてやった。わざと牽制球を暴投させ、フェンスに当たってハネ返った球を利用して二封するといったマンガ的な作戦も試みた。牽制するとき足にぶつけてしまおう、というのもあって、これも採用したが、一度、背中に命中させたことがあ

るだけで、あとは軽業師のようにかわされてしまった。こと彼の足に関する限り、私は完全に帽子を脱ぐつもりだ。万策つきたのである。

王の八百六十八本塁打、張本の三千八十五安打、金田の四百勝といった具合に、わが球界にも不滅の記録は数多いが、野球を変えたという意味では福本の足にまさるものはないと思う。

思い出していただきたい。

福本が登場する以前の一番バッターはさほど足の速さと関係がなかった。西鉄のトップは切り込み隊長といわれた高倉、南海は穴吹、阪急は衆樹といった面々である。どちらかというと鈍足気味で盗塁という概念とは無縁の選手ばかりだ。今では隔世の感があるが、つまりひと昔前のトップバッターは打てればいい。ひどいケースになると、お前は走者がいると弱気になって打てなくなるから一番を打て、なんていうのもあった。昨今ならみんな六番程度がお似合いの方ばかりだった。ところが、福本の出現は一番バッターについての考え方を根底から変えてしまった。足こそが必要条件になった。

トップの役割が決まればおのずと二番バッターの任務も定まってくる。ある意味では二番を二番たらしめたのも福本の功績によるところが大きい。大げさにいえば日本の野球が初めて打線の意味に気づいたといっていいかもしれない。

打つ側だけでなく、守る側にも革命の火は及んだ。ピッチャーたちはクイックモーションを学び、牽制の技術を飛躍的に高めた。そうしなければメシの食いあげになりかねなかった。たかだか二十五センチの足が時代を画したのである。

しかし、その革命児も西本さんという名伯楽がいなければ、こうまで成功したかどうか。このあたり、つくづく人の世の巡り合いの不思議を感ずる。四十三年のドラフト会議で、福本はブレーブスに七位で指名された。入ってしばらくは代走要員だったが、西本さんがその足に目をつけ、さかんに盗塁を指示した。だが、当時の福本はサインが出てもアウトが怖くて容易に走れなかった。現在の福本からは考えられないことだが、臆病風に吹かれていたのだ。それを見抜いた西本さんは彼をいったん二軍に落とした。そのときの申し送りが心配りにあふれている。彼は二軍の監督に、

「福本が出塁したら、勝っていようが、負けていようが、必ず走らせろ」

と、くどいほど念を押したそうだ。

社会人時代の福本のウワサは南海にも届いていた。といっても打撃がいいとか守備が光るといった類のものではなかった。やはり足に関してである。あるスカウトが、

「松下（松下電器）に体はちっちゃいけど、ムチャクチャ、足の速いのがおるねんけど……」

と話していたことがあるが、今にして思えば、それが福本だった。そのスカウトはすっかり足にほれこんで当時の鶴岡監督に上申した。だが、御大は、

「そんな小さいのはアカン」

と、ニベもなかったそうだ。ホークスの野球は残念ながら、当時、まだその程度だった。もっとも、福本にとってはかえってそのほうがよかったように思う。ホークスが上位指名でとったとしても、どこまで彼を生かすことができたか。こんなところにも巡り合いの妙が出ている。

ただ、西本さんのおかげで彼は何本かヒットを損しているかもしれない。西本さんの打撃理論は基本的にはフルスイングにある。教えに忠実な福本はこれを守った。フルスイングをすると走塁のスタートが何百分の一秒か遅れる。その一歩の遅れが内野安打を減らしたと思う。彼が体に見合ったバッティングを身につけていれば、おそらく首位打者のタイトルに手が届いたことだろう。だが、ここまでいってはぜいたくにすぎるのかもしれない。それにそんなことをされたら、私たちはもっと泣かされていたに違いない。思えばとんでもないことである。

（84・8・24）

高校野球に見る人材育成システム

小学五年になる息子の所属するリトルリーグの野球チームを引率して博多まで出向いた。福岡地区のチームと親善試合をやるためである。たかが子どもたちの野球チームですらこんなに遠くまで遠征をする。すごい世の中になったものだ。

あちらのリーグの会長は旧知の稲尾がやっていて、本番の合間をぬって駆けつけてきた。子どもたちを前にボソボソと開会の挨拶をする彼の姿を見ているうちに、思わずふきだしそうになった。なんのことはない、稲尾の中に自分の姿を見たからである。それでも私は、あとを家内にまかせて、引き揚げるつもりだった。しかし、ゲームが始まるとこれがなかなかに離れられない。技術的なことは子どもたちのことだから興味の対象外だが、監督と選手の関係が実に面白い。

こと人間関係に関してはプロもリトルも同じだ。ひたすら怒鳴りつけて、その子どもの長所を見ようとしない監督がいるかと思うと、具体的な指示が必要な場面に根性一点張りのスタイルで臨む監督がいる。まるでプロの縮図を見せられる思いだった。

そういう思いを抱いて高校野球を観戦したせいか、甲子園でも各監督の挙措ばかりに目がいった。たとえばサインの出し方ひとつでそのチームの強弱が分かる。具体名は差しひかえるが、あるチームの監督はあたりをはばかるようにしてサインを出す。選手の顔もチラッとしか見ない。むしろ、そむけ気味にしている。これはおかしい。サインというのは本来、口頭で伝えるべきところを、離れているがために身ぶり手ぶりで行う。言葉こそ聞こえないが通信であることに違いはない。いわば手話なのである。なのに目をそむけていては話にならない。そこへいくとベストエイトに残ったチームはさすがに訓練が行き届いている。サインの出し方もそうだが、ノックひとつにしてからが違う。とくにPLのノックは見事だった。ノッカーのバットが手の延長のように見えた。自在である。プロでもこれほどうまく打ち分けられる人間はめったにいない。

話が一気にさかのぼるが、私が京都府立峰山高校で野球をやっていたころは、ノックの仕方なんて誰も分からなかった。担当の先生はズブのシロウトだから部員のほうがよっぽどマシだった。そこで私たちが思いつくまま適当に転がすわけだが、一球一球に目的がないからいまのリトル以下である。打つほうが打つほうなら捕るほうも捕るほうで、ボールをどこに回していいか見当がつかない。どう考えても強くなるはずがなかった。それでも私たちはうまくなろうと暗中模索した。一年に何回か、まれに京都市内に出かける用事があると必ず平安高校のグラウンドを見学にいった。当時の平安は名門中の名門で府内に並ぶものがなかった。

おそるおそるのぞきこむと、片腕の監督がそれはすごいノックをしていた。なんでもこの人は戦争帰りだったそうだ。私たちは度肝を抜かれて丹後に帰った。そして見よう見まねで平安の練習らしきものを再現した。それだけでは足りず、私たちの町からたったひとり平安の野球部にいっている高校生に手紙を書いた。この男は中学の後輩だったのでちょうどよかった。内容は練習方法を教えろというものばかりだった。彼がお盆や正月に帰郷でもしようものなら大挙おしかけていって、根掘り葉掘り聞き出した。レギュラーの手のひらはマメだらけだと聞いては驚き、みんなじっとわが手をみやったりした。こんなだから、わが峰山チームは夏の府予選も出ると負けだったが、どうせ負けるのなら平安とやりたいと願っていた。平安と当たって散るのならだれもが納得できるという敗戦弁護の気分が半分、残りの半分はあこがれだったように思う。

ＰＬという存在も昔の平安に似ている。事実、多くの高校がＰＬとの対戦を望んでいると聞いた。ただ、昔と違うなと感じたのは、ＰＬとぶつかるどこだかのナインがテレ

ビのインタビューで、

「桑田君のサインがほしいな」

とか、

「清原君、ホームランだけは打たないで下さい」

などと応じていたのを見てからだ。彼らの発言は半ば冗談なのだろうが、冗談の中にも一片の真実がある。私たちのころは平安をよく知らないという共通の認識があって、知らないから余計に胸を借りたいという気持ちが募った。ところが、いまの子どもたちはその逆で、知らないことのほうが少ない。情報量が豊富だからハナからあちらとこちらの戦力差についてかけ値のない答えを知っている。あらかじめ結末を読んで分かってしまっているような味気なさがある。だからこそ、ああいう冗談めかした発言も飛び出す。そこにあるのは倒してやるとか、一矢報いてやろうという一種の高揚感よりも、スター相手に一試合できるという気分ではないだろうか。こうした雰囲気は去年の池田高校のときもあった。

強豪チームに対する感じ方は私たちのころと似ているようでやはり違う。情報過疎と情報過多と、答えは同じでも入り口に天と地ほどの差があるように思う。

さて、本題のPLである。十九日の準々決勝（対松山商戦）を見た限りでは、さっきの高校球児ではないが、やはり桑田の印象が強い。実は、私は去年も夏の大会で彼を見ているが、今年はひとまわり体が大きくなってたくましくなった。去年はカーブを多投し、強打の池田打線をかわしたが、今年はたくましくなった分だけストレートがふえた。ストレートを見せ球にしてカーブで仕留めるというパターンから直球主体の力の投球へと変身した。本人も直球に相当、自信を持っているとみえ、一回は二十四球のうち十五球がストレートだった。もっとも初回の直球はスピードがないうえ、真ん中に集まったので松山商打線に狙い打たれ、今大会初めて相手に先取点を許してしまった。PL独特の胸に手をやるシーンがこの回の桑田はひんぱんで、天狗のハナも折れかけていた。

ところが桑田はこの直後にうって変わる。六番の白石をカーブ攻めで切ってとってからは五回まで、主武器をカーブに切り替えた。このあたりは自分の状態をよく心得ている。打たれても同じペースで押してくる水野（池田高―巨人）とは一味違う。そして、ストレートが走ってきた六回以降、こんどはまた直球主体に切り替えて松山商の各打者を牛耳っている。なかでも七回、白石に対し六球全部ストレートを投じ、三振に打ち取った投球は見せた。一四〇キロ近く出ていたのではないか。これで折れかかったハナは完全に戻ってしまった。

戦後、甲子園で十勝以上の勝ち星をあげた投手は柴田、荒木、池永ら八人にのぼるが、チェンジオブペースを知っているという意味ではどこか池永を思わせる。ただ、直球のスピードは彼に比べるとまだまだ劣る。といって荒木よりは明らかに速い。それにあの器用さならフォークボールもすぐ覚えられるだろう。あえてランクをつければ、タイプは違うが巨人の定岡に近い。

もっとも、私としては投手の資質もさることながら、彼の野手としてのセンスをより高く評価したい。明敏な野球頭脳、身ごなしの軽さ、柔軟なバッティングなどは、どれをとっても高校球界では一頭地を抜きんでている。が、問題ははたしてこの男が転向を承知するかどうかだ。

準々決勝のピッチングを見る限り、彼はまがうことなき投手型人間である。このゲーム、何度となく走者を牽制すべきシーンがあった。桑田はそれを承知していたはずだ。ランナーが盗塁の動きを見せたときとか、バントの気配が濃かったときがそうだ。だが、実際に牽制球を投げたのは二度に過ぎない。おそらく彼はバッターを打ち取ればいいさと思っていたと思う。ウヌボレの強い投手型人間の証拠だ。それともうひとつ、桑田はキャッチャーのサインにひんぱんに首を振る。相手は三年生でしかも主将である。心臓に相当の毛がはえていないと、こういう芸当はできない。転向するとなると、自分自身の心のありようも多少は変えなくてはならないだろう。とはいっても近ごろは投手型に近い捕手とか、外野手型のまざった投手とか、性格とタイプが相互乗り入れをしているようだから、そう心配はいらないのかもしれない。

残るはもうひとりのヒーロー清原である。ご存じのようにこのスラッガーは享栄戦で史上初の一試合三本塁打を記録した。この時点で甲子園通算七号となり、浪商・香川（南海）の五ホーマーをあっさり抜いた。確かに遠くへ飛ばすパワーには見るべきものがある。とくに外角寄りの高めはツボで、並の高校生の球では、まずはじき飛ばされるだろう。それに打つとき体の中心がブレない点も評価できる。しかし、欠点がないわけではない。だいいちにバッティングが硬い。見れば分かるが構えがまるで銅像のようだ。体の硬さがそのまま出てしまう。たぶん、彼はひとつの型にはまらないと打てないタイプだ。同じ外角でも低めに変化するとうまく対応できないように思う。いくら記録では抜かれても打撃のしぶとさや幅広さではドカベンのほうが上をいく。まだ、これからの素材というべきだろう。

ＰＬの場合、ともするとこの二人の活躍が表へ出て、ほかが目立たないが、いぶし銀そのものといった選手も少なくない。外野手に関しては力量を見極めるチャンスがなかったからなんともいえないけれど、内野手は守備に長じている。原や掛布に見習わせたいプレーが随所にあった。平凡な結論のようだが、つまるところＰＬの強さの秘密は総合力である。全国から選手を集めるそうだが、抜きんでた才能をズラリと並べたわけではない。ある程度のレベルの選手を鍛え抜いて全体的な力の底上げをしたに過ぎない。というと、アッサリしすぎて身もふたもないが、本当はこの「過ぎない」というあたりがPL野球の神髄だと思う。振り返ってみるとPLはここ何年か常に高校球界の上位を占めてきた。突然の浮上ではない。才能ある選手に恵まれるという僥倖だけではこう長続きはしまい。

プロなら、そのチームをあるところまで仕上げてしまえば、何年かは財産で食える。しかし高校生は三年の間にものにしなければならない。しかも仕上げると同時に後継者の育成に着手する必要がある。自転車操業では高い地位を維持できないことは見えている。おそらく平均点を押し上げるシステムが、PLの指導法の中にあるに違いない。いまふうにいえば、PLの強さは人材育成システム確立の勝利といえるのではないか。

高校野球の熱闘が続くせいか、このところプロ野球はどうも影が薄い。スポーツ紙もプロは隅のほうへ押しやられている。甲子園に向かう途中の新幹線の車中でも、気のきいた車掌さんがいるとみえ、高校野球の経過を速報して喜ばれていた。ことほどさように世の中はどこへいっても甲子園の話題ばかりである。もちろん私もその渦中にあって興奮を隠せない一人だ。

にもかかわらず私は、今年の甲子園に一抹の寂しさを感じる。それはきっと池田の蔦監督がいないせいだ。そこまで望むのはぜいたくと分かっているのだが、人心掌握にたけた温顔をこの夏も見たかった。徳島のほかの高校チームには申しわけないが、これは私ひとりの気持ちではないと思う。

（84・8・31）

ヒット商品を連発するには

長いこと、この仕事に携わっているが、新人で即クリーンアップの務まる逸材には滅多にお目にかかれない。ひとつには強打者の条件である、遠くへ飛ばす技術というものが天性に属する事柄だからだ。まず、十年に一人といったところだろうか。古いところでは長嶋や元阪急の長池、それに田淵、山本浩二、最近ではなんだかんだいわれても原以外に適格者が見当たらない。長距離業界は人材払底期に差しかかってきたといっていいだろう。

そんな折、待ちに待った素質の持ち主が現れた。小早川毅彦である。強打者を育てることにかけては名伯楽の名をほしいままにした西本さんも、しきりに、

「アレはいいで、本物や」

と賛辞を惜しまなかった。私も、ドラフト二巡目までカープ以外の球団が指名しなか

った と聞いて不思議でならなかった。

　それでは、どんな点がよろしいのか。

打つときに体の中心がブレないとか、振りが鋭いとか、いろいろほめる人はいるだろうが、私なら彼の頭を使った打撃術をまずほめたい。古葉監督もいっていたが、小早川は非常に考えるバッターだ。ベンチにいるときでも相手ピッチャーに対する観察に余念がなく、いざ自分の番になると、

「カーブを打ってきます」

などと、十年選手ばりのセリフを吐いて打席に向かったりするそうだ。もちろん、公約するだけでなく、キチッと勘定をつけてくる。なるほど並の新人ではない。

「ヨミ」の鋭さは八月二十二日の対巨人戦でもよく分かった。このゲーム、小早川は第一打席で江川の外寄りのカーブを三振した。私は次の打席で彼が何を狙っていくか、楽しみにしていたところ、江川の投じる二球目のカーブをものの見事にライト前に持っていった。初回にやられたカーブにマトをしぼるあたりなかなかのものだ。

　これと対照的なのが原である。原は翌二十三日の広島戦で一打席、二打席、三打席と連続して山根のスライダーに倒れた。一回、二回目がセンターフライ、三回目が三塁ゴロのダブルプレー。原については、考える打撃の必要性を再三にわたって指摘している

から、これ以上は言及しないが、一打席目の失敗をいつになっても取り返せない。相変わらず同じ球を同じように打つ。なにをかいわんやである。小早川のツメの垢でも煎じて飲んでもらいたい。

原が出たついでに、小早川と原との違いをもう少し続ける。

小早川がレギュラーとして使われるようになったのは五月三日からである。以来、前記の巨人戦まで七十六試合に出て八個の死球を頂戴している。この分野での筆頭格は阪神のバースだが、その彼とて同数である。これはピッチャー連中の攻めが厳しくなっている証拠だ。対戦した投手は小早川のツボが内角にあることを承知している。最初は分からなくても、たびたび痛い目に遭えばイヤでも脳裏に刻みこまれる。ピッチャーの習性として、内角が強いのなら、もっと近めに投げてのけぞらせてやれ、腰がひけたところで外角で仕留めてやる、という行動に出る。強打者に対する攻略法としてはこれが常套的だ。原もイヤというほど胸もとをえぐられた。ところが、小早川はえぐられてもえぐられても向かっていく。並のバッターなら臆病風に吹かれて逃げ出したくなる。並でなくても原のようにバッターボックスから遠めに立って、おまけにアウトステップをして、なんとかトカゲのような逃走スタイルになるのだが、彼はいっこうにひるまない。こうなるとピッチャーはやりにくい。のけぞらせて外でというパターンが通じなくなるからだ。ある意味では八個の死球は小早川の勇気に対する勲章といっていいかもしれない。くじけない気持ちがまわりめぐって最後には彼を有利にしている。

ちなみに原の死球は同じ時点で二個にすぎない。あたりにいけばいいというものではないが、ハナから逃げていたのでは勝負にならない。ピッチャーたちの高笑いが聞こえてこようというものである。

最近の若手はよほどしつけが行き届いているとみえる。広島ナインの誰に聞いても小早川の欠点は聞き出せなかった。人品骨柄どれをとっても否定的な要素がないらしい。

私が、

「いいとこばかりだね。お釈迦様じゃあるまいし」

と、水を向けても、

「山本浩二や衣笠のスパイクを欠かさず磨きますしね……」

などと優等生を二乗したような評判ばかりだった。

広島は例年、夏に弱い。過去二年間、オールスター戦後の二十一試合は六勝十二敗三分けというお粗末さである。中心的存在の山本、衣笠の夏バテが原因になっている。ところが、今年は十三勝七敗一分けで通過した。近年になくいいペースだ。

なんといっても理由の第一は小早川をはじめ山崎、長島といった若手の台頭である。

彼らがいなかったらとても現在のカープはありえない。小早川はそうした新しい力の代表である。将来、広島の屋台骨を支えるバッターになるだろう。だからこそ古葉監督も左対左の不利を冒しても彼を代えない。サウスポーが出てくるとすぐ右を送るどこぞの監督とは育て方が違う。ナインが彼に対して温かいのもひとつにはそのへんに理由があると思われる。素直な性格とはいえ、同僚もライバルが常識のプロの世界にあって、これほど好感を持って迎えられる例はあまりないのではないか。小早川も冥加な男だ。

もっとも性格はともかく、バッティング技術に関して無欠というわけではない。よく見ていると、ときどき真ん中高めの顔のあたりの球に手を出す。先日も巨人戦で橋本の高めのカーブにつられていた。定岡のクソボールにもバットが止まらなかった。過去によほどいい目に遭ったからこそだろうが、これはいただけない。どんなに立派な備えも毛ほどの油断から崩れることがある。頂門の一針にすべきだろう。それと、いささかアッパースイングなのが気になる。これだと外角高めの球がなかなかフェンスを越えない。振り出した力がボールにまっすぐ伝わらないから、どうしても飛距離が伸びない。小早川のホームランはいまのところライト方向ばかりである。将来、三十本以上打とうというのなら、その点を改め、左中間にもほうりこめないと苦しい。スパイクを磨くついでに山本あたりに教えてもらうことだ。

先ほどもちょっと触れたが、それにしてもこれほどの人材がなぜ、他球団の目に留まらなかったのだろう。ひとつには各球団ともピッチャーの補強に目を奪われ、バッターに対する注意がおろそかになったことがあげられる。しかし、私にはどうもそれだけではないような気がしてならない。根っこにわが球界のスカウトの問題があると思う。

監督時代に私も経験があるが、スカウトはどこの球団もたいがい元選手がやっていて、引退後の職場といった雰囲気がかなり濃厚にある。それはまだいいにしても、どうかと思うのはコツコツと情報を集め、いい選手を掘り出したスカウトであろうと、日がな一日、喫茶店にこもっているスカウトであろうと給与にほとんど差がないという事実である。これでは一生懸命働くはずがない。沈滞に輪をかけるのがオチだ。

小早川の件にしても、当初、足が遅く、守備は悪い。おまけにバッティングも粗いという評判が立った。おそらくその先入観に何人ものスカウトがだまされたことだろう。本当なら実際に現場に出向き、足が気になるなら彼の走塁のデータを集めてみればいい。ストップウオッチで計れば綿密な資料ができあがるはずだ。バッティングにしても守備にしても、粗いという前にビデオにとって、監督やコーチと具体的な検討をすべきではないか。

そこで思い出すのが、大リーグのスカウトたちである。彼らは場合によっては監督より大きな権限を持っている。チームの補強ポイントを知らされると、あとは自らの情報網を徹底的にたぐる。世界中、どこであろうと飛んでいく。そしてアタッシェケースに入りきらないほどの資料を持って帰ってくる。資料の中には日本のスカウトが好んで使う「まあまあです」などというあいまいなものは、いっさい含まれていない。私もこの「まあまあ」には手を焼いた。まあまあでは判断したくても判断のしようがない。なんでデータをくれないんだと天をあおいだことが何回もあった。

アメリカのスカウトたちが懸命になるのは、いい選手を見つければ報酬にハネ返るからだ。名を残す大リーガーを発掘しようものならそれだけで老後の生活も安定する。ある意味ではスカウトも選手と同じ土俵にいるといえるのかもしれない。

話を小早川に戻すが、広島は彼だけでなく、このところ有望な若手を輩出させている。スカウト組織と新人育成機関がしっかりしていなければこうはいくまい。一般のメーカーにたとえれば、ヒット商品を連続して出しているようなものだ。ハデさはないが社長賞に値すると思う。

（84・9・7）

不器用な選手の育て方

今シーズンから、テレビ朝日の解説のとき、「野村スコープ」なるものを使っている。テレビでご覧になった方もいると思うが、原理はごく簡単で、ホームベース上にストライクゾーンを描いて、一球ごとに球種とコースを記入していくだけのことである。スコープなどという、大それたものではない。

が、この単純な試みが意外に好評を博したらしい。なによりも、バッテリー対バッターのかけひきがよく分かる。野球がこんなに緻密なスポーツだとは思わなかったと、当方にとってはうれしい感想をほうぼうからいただいた。おまけにテレビ朝日から社長賞を頂戴することになり、大いに面食らっている。一野球人の思いつきを実現させたスタッフの努力を多とし、感謝を述べたい。

さて、私事はこれくらいにして本題にはいろうと思うが、「野村スコープ」を使う際に、どうもやりにくい選手がひとりいる。ほかならぬ宇野である。彼の場合、ストライクゾーンが人並みでは収まらない。次はこのあたりを狙っているはずですと予想を開陳しようものなら、とんだハジをかく。とんでもないクソボールに手を出すことがあるからだ。あとで、考えられませんねなどと、つけ足してもなんとかの祭りだ。解説者泣かせの男といっていいだろう。

しかし、宇野は単なる悪球打ちではない。子細に観察していると、ピッチャーの配球をよく読むバッターであることに気づく。ただ、彼は器用なほうではない。むしろその逆だろう。だから次に投げてくる球を直球なら直球にしぼると、それがとてつもないコースにきても止まらない。バットはうなりを立ててそのまま回ってしまう。ふつうプロの選手なら、バットとボールが三十センチも離れることはまずない。が、宇野にはしばしばそれがある。私は彼のそういうバッティングを見ていて、いつも苦笑を誘われる。なにを隠そう、私がそうだったからだ。若い時分に、私は先輩たちから、

「ノム、お前、器用に空振りするの。しようとしてやってんのか。ワシら、したくてもバットがボールにぶつかってしまうんや」

とよく、からかわれた。しかし、自分としてはわざとしているわけではない。当てたいのはヤマヤマだが、自然にそうなってしまう。先輩たちの小言は、だからいわれのな

い非難だった。

原因は、思いきって振りにいくからである。長距離打者はここぞと思ったら、しゃにむに強振しなければならない。当てにいくとか、なでるようなバッティングでは、ホームランは生まれない。

それと「ヨミ」である。俗にヤマを張るともいうが、それをいうと、バクチ打ちみたいで、どうも印象がよくないらしい。わが業界でも「ヤマ張り」はしばしば悪癖の代名詞のようにいわれる。本当は長嶋も王もしていたことなのだが、いまだに認知されない。仕方がないので私も、諸状況から推察して、次にどういう球がくるか、統計的に分析することなどといったりしているが、実情は「ヤマ張り」と変わりがない。これは強振同様、ホームランバッターの宿命である。

もちろん宇野もヤマを張る。八月二十九日の対広島戦で山根から打った三十四号は、見事にそれが当たった。一球目は内角のシュートで、きわどいところに決まった。宇野はこのとき、体を外側に開いて球に向かっていった。絶妙といっていいほど厳しいコースだったため、さすがに手が出なかったが、あの見逃し方は明らかに内角球ネライである。ちょっと目のきくキャッチャーなら、初球の見逃し方ひとつで相手の狙い球の見当がつくのだが、達川はそのあたりがまだ甘い。二球目もそこに、しかもずっと甘いコースに投げさせて、まんまと注文にはまってしまった。これが山倉あたりになると、そうはいかない。八月二十五日の対巨人戦では、ことごとく裏をかかれた。

間違いなく宇野は長距離バッターの道を歩んでいるが、その資質が開花したわけではない。まだまだ発展途上である。それにいまは環境にも恵まれている。クリーンアップに谷沢や大島がいて、相手の投手は気が抜けない。そこに宇野がいると、なんとなくホッとする。しかも、宇野のあとは粘っこい上川である。なるべくなら、こちらとは勝負したくない。いきおい宇野でいこうとあいなる。

今後、彼がどういう具合に成長していくか、いまの段階では予測がつけにくいが、ひとつはっきりしているのは、この男が他人から教わることの少ないタイプだという点だろう。いつだったか、中日のコーチをしていた黒江透修《ゆきのぶ》が、

「力を抜けって教えてるんだけどうまくいかない。右に流してヒットを稼いでくれるといいんだけど……」

とこぼしていたが、宇野に関してこういう指導をしてはいけない。型にはめようとしたら、宇野が死んでしまう。せっかくの資質も一・五流の長距離バッターに終わってしまうだろう。

もっともこの種の人間は、いい聞かせてハイそうですかと従うようにはできていない。

だいいち、いっても不器用だからそれをこなせない。結局、自分で道を開いていくしかないのだ。

スランプの真っただ中にいた初夏のころ、ふざけてブルペンで投げていた宇野のところへ山内監督が歩み寄って、

「よお、宇野投手、バッターの宇野にどう投げる」

と、尋ねたそうだ。すると宇野投手は、

「まず一球目は外角スライダー、これは見送りでしょう。次はカーブで空振り。三球目はいちおう、高めにボール球をほうってツーワン。四球目はまた外へカーブ。それでおしまいですよ」

と、いったそうだ。理にかなっていたせいか、山内監督も苦笑まじりでその場を後にしたというが、何を思い出したか、途中で引き返してきて、

「じゃ、二打席目はどうする」

と再度、ご下問になったと聞く。しかし、宇野投手は少しもあわてず、

「ハイ、ワンパターンでいいんです」

と答えた。

「そこまで分かっているなら、なんで……」

「いやあ、分かってるけど打てないんですよ」

というやりとりがその後あったようだが、いかにも宇野らしい。バッターとしての宇野は、おそらく衣笠に似た道を歩むと思う。この男も全身全力でプレーをする。力を抜けばもっと打てるよと何度もいわれたのに、若いときはそれが分からなかった。晩年のいまごろになって、ようやく極意に近づいてきたようだが、宇野も三十七歳にならなければ、そうしたコツを体得できまい。しかし、だからといって若い時代に全力でいくというのは悪いことではない。宇野のような人間にはそうした方法しか残されていないのだから、思う存分いったらいい。ただ、私はひとつ注文をつけたい。それは彼の持ち味である「ヨミ」の方法を、もっと深めることである。

阪急にいたスラッガー長池徳士は、内角のツボにきた球しか打てない男だったが、目と知恵を磨くことによって一時代を画した。彼はピッチャーがふりかぶったとき、右腕に浮き出る腱の有無で球種を見破るなど、次の一球を読むための諸技術を身につけた。この観察の鋭さ、これが目である。宇野もこうした観察眼を身につけ「ヨミ」を単なるヤマ勘に終わらせることなく、確度の高い勘働きに高めていく必要があると思う。それがまた、彼の野球人生を分けると思う。

宇野を俎上にのせる以上、その守備を避けては通れない。それこそ、批評の画龍点睛を欠くというものだろう。近年、この男ほど守りで沸かせる人間はいない。イージーフライをおでこに当てたり、一塁に送球するつもりがライト方向に投げてしまうといった恐怖の珍プレーをやってのけるからである。ファンはそれを半ば心配し、半ば期待している。とにかく見せる選手である。といって、これとて、ためにしているわけではない。打撃同様、不器用さの所産である。器用さのカケラでもあったら、とてもあんなプレーはできない。そこを手抜きのチョンボと見ると宇野を見誤ってしまう。去年、近藤監督とぶつかったことがあったが、あの事件も、根は宇野のプレーをどう見るかだったと思う。

実は私も現役時代、フライが苦手だった。高く上がると、それだけで落とすんじゃないかとつまらぬことを考えた。そして、事実、落球がしばしばあった。一生懸命やっているのだが、まわりはそうは見てくれなかった。野村のフライ音痴めといわれたものだ。それだけに、宇野の守りは人ごとのように思えない。分身のような気がする。でも、おでこに当てたときはさすがに大声で笑ってしまった。

（84・9・14）

純粋培養監督の弱さ

監督にとって今はむずかしい時代だ。ひと昔前なら監督という肩書だけで選手はいうことを聞いた。右を向けと命令されたらどんなに理不尽にみえていても素直に従った。絶対君主のような存在だった。

ところがいまは違う。ちょっとでもいうことにアラが見えたら兵隊は動かない。よしんば動いてもせせら笑いを隠しながらだから、十のうち六の効果しか上がらない。向こうっ気の強いのになると公然と首脳陣批判をぶったりする。かといって人事権を発動しようとして、ヘタなトレードでもしようものならチーム内はもちろん親会社、はては世間一般からも指弾を浴びる。他人ごとながらかなわないと思う。

ひとつには監督の管理手腕が注目され始めてきたせいである。昔なら選手の失敗は選手の責任に帰した。が、今はヘタなやつでもうまく使うのが監督の手腕じゃないかとなる。非常にまわりの目が厳しくなった。野球に通じているというだけでは足りない。よほどの苦労人でないと務まらない。大リーグの監督が、どんなに名選手であろうと二軍の指揮からスタートするのも、そのへんに理由があると思われる。合理主義の国アメリカで、人間関係の苦労をそのように位置づけているところがなかなか興味深い。苦は楽の種などという格言があちらにもあるのだろうか。

二軍監督というわけではないけれど、そんなふうに考えていくと最近、わが球界で成功した人間はみんな純粋培養組ではない。サラリーマンでいえば転職を余儀なくされたり、子会社に出向といった経歴の持ち主である。たとえば広岡さんにしても最初はエンピツをなめながらスポーツ紙の原稿を書いていた。アメリカに渡ったときは、なんの伝《つて》もなかった。ハンバーガー代を倹約しながら大リーグを見て歩いた。

中日の山内監督にしてもよその球団でコーチをしたり、評論家稼業をしたり、こちらも順風満帆とはいかない。阪急の上田監督や近藤前中日監督、巨人の藤田前監督も山あり谷ありだった。そして、稲尾も太平洋クラブ・ライオンズで監督失格の烙印《らくいん》を押され、中日で投手コーチをしたり、その他もろもろのことをして生きてきた。いわばこけつまろびつの後半生である。

稲尾のことを評するに、よく、茫洋、アバウト、悠々閑々などというが、それだけでチームがまとまったわけではない。やはり、ここ何年間かの苦労が今、実を結んでいると思う。人の使い方が私の知る過去の稲尾と一味ちがってきている。

そのいい例がピッチングコーチとの接し方である。ふつうピッチャー出身の監督は投手起用について他人の意見をなかなか聞かない。稲尾ほどの大投手ともなればなおさらである。ところが、このところの彼にはそういうふうがない。佐藤道郎ピッチングコーチとのやりとりも、

「そろそろ交代させる。梅沢でいくぞ」

「いや、今日の梅沢はだめです。それより右田がいい」

といった具合だそうだ。念のため付け加えるが、前者が稲尾、後者が佐藤コーチの発言である。えらいと思ったのは稲尾が自分のプランをさっと引っこめるところである。すかさず「そうか、よし」といってコーチの意見を採用する。

これは佐藤から聞いたのだが、彼は右田を送り出したあと神に祈る気持ちだという。なるほどそうに違いない。もし、右田が無残な目に遭えば自分の評価は急降下だし、なにより監督の顔をつぶしてしまう。

「よく観察して現状をスパッと伝えるようにしてるんですけど、胃がキリキリしますわ」

という佐藤の心理状態はよく分かる。それにしても近ごろ、こういうふうに直言できるコーチは少なくなった。みんなイエスマンばかりで、監督の理非曲直を指摘する人間は重要文化財と同じく貴重である。稲尾も、またこれをよく聞き、よく用いる。ある意味では自分のプライドにかかわる領域のことなのに、自説をさらっと捨てて現場の意見を尊重する。簡単にできることではない。ああみえて、けっこう繰りごとの多かった彼の姿を知っている私としては、いまだに半信半疑である。どうやら、稲尾は人生の寄り道をしながらどこかで得がたい宝物を拾ってきたらしい。

ピッチャーの話が出たついでにロッテ投手陣のことをもう少し続ける。歯に衣着せずにいうと、このチームほど頼りない投手陣はない。まず、大黒柱がいない。次いでストッパーらしき存在が見当たらない。先発グループも投げさせてみないと分からない。中継ぎなんていったらそんなぜいたくなと、笑われかねない。つまり、ないないづくしの台所にいるようなものである。だからこそ、私をはじめ評論家連中がこぞってどん尻にあげた。

その投手陣が稲尾になってから変わった。変わったといってもシャーリーを先発に使ったり、大洋をお払い箱になった右田を再生させたとかいった類の話ではない。確かにそれはそれで成功したが、こうした人材運用の前にロッテにはしなければならないことが山積していた。そのひとつが緩急をつけたピッチングである。こんなことは今どきリトルリーグの子どもたちでも知っている。ところが、ロッテの投手陣は「緩」というとカーブ、「急」というとストレート系しか頭になかった。投球フォームに変化をもたせて同じ球を速く見せたり遅く見せたりすることすらよく理解していなかった。さらにセットポジションのときの素早い牽制とか、四球の効用とか、言い出したらキリがないほど覚えることがたくさんあった。繰り返していうが、この種のプレーは基礎中の基礎ばかりである。

それを指摘されて、ある投手が「お、そうか、なるほど」といったとか、いわないとかいう話があるほどだから、いかにロッテの野球が遅れていたか、分かろうというものである。稲尾をはじめ首脳陣は近代野球の入り口ほどの技術を教えることによって底上げを図った。運用面の成功はこうした地道な作業の積み重ねの結果といえる。単純に人のとりかえっこをしただけではない。

ロッテといえばシーズン初め、広岡西武の管理野球打倒を旗印にしていた。旗印にしただけでなく実際に痛い目に遭わせてライオンズの勢いに冷水を浴びせた功績は大きいと思う。管理野球が大嫌いな落合などはさぞ溜飲をさげたこととご同慶の至りだが、当の落合は相変わらず、

「監督がだれでも、われわれには関係ないすよ」

と、うそぶいているという。あくまでアンチ管理野球を貫く気構えらしい。だが、落合よ、お前だってロッテの躍進が単にアンチライオンズの号令だけで成ったとは思うまい。投手陣への細かい指導でも分かるように、そこには明らかに「野球管理」があった。

私はこの時代にあって、個々の選手の生活管理は必要がないと思っている。昔とちがって、今はハメをはずせば必ずマスコミの俎上に上る。人知れず闇から闇なんて僥倖は期待しないほうがいい。それだけ世間の耳目が集まっているから選手たちも脱線のしようがない。世の中が素行に目を光らせてくれている。これはもう否応ない。おまかせして大丈夫だ。

だが、もうひとつの野球管理に関しては避けて通れないと思う。プロの好プレーというのはひとつの商品と同じだ。高品質の商品がたくさんあれば勝ち星も増える。勝ち星もまた商品で、増えれば自然、人目を集める。多くの人の注目を浴びていると、不思議なもので品質はますます高まる。この大きな循環機能を持っているとチームは強い。ロッテは、これまでこの野球管理に関しても無縁の球団だった。だから監督の影響力をほとんど知らない。知っていたとしても、

「好プレーをすると金一封をくれる」

といった域を出なかったと思う。

落合の発言にもそれがよく表れている。だが、ここにきて、オリオンズもようやく野球管理の一端に触れた。

来年のことをいうと鬼だけでなく魑魅魍魎《ちみもうりよう》こぞって笑い出しそうだが、課題は今年歩んだ道をもう一歩、進めることだろう。ピッチャーがほしいとか打てる内野手がほしいとかいう算段も、もちろん必要だが、ロッテは土壌の改良を忘れてはなるまい。土さえよければやがて収穫の秋はくる。

（84・9・21）

上司のアドバイスの聞き方

会社であろうと役所であろうと組織で働く人間には必ず人の巡り合わせというものがある。幸いにも能力を見抜く眼力と使い勝手を心得た上司に出会えば部下は伸びる。無能と烙印を押されていた男が思わぬ力を発揮することもある。

無能というには当たらないが吉村の場合もこうしたケースに似ている。藤田前監督の時代だったら、代打要員がせいぜいで、こうまで登用されることはなかったにちがいない。レギュラーの座は球界ナンバーワンの足と、小技にまさる松本のものだったと思われる。それが王というロングヒッターの好きな上司に恵まれるや、あっという間に頭角を現し、やがて松本を蹴落としてしまった。

自分が強打者だったせいか、王監督は長打の効用を非常に高く評価する。たとえば三点リードされたまま最終回を迎えたとする。自軍の攻撃は走者一、二塁の想定で、バッターは一番である。仮に松本だとスリーランホームランで一挙に同点というケースは考えにくい。ヒットでつないでというところだろう。ところが吉村なら一撃の夢を買える。王は彼のそうした迫力を見込んだのである。

どの球団のファームにも、きまって「二軍の英雄」というのがいる。下にいるときはずぬけたプレーをするのに一軍に上げると、とんとおかどが違う。二軍戦での巧打好守は影をひそめ凡打の山を築く。性格的には緊張性で気が弱く、せっかくの大舞台に日ごろの実力を出しきれない、といったタイプである。吉村はこれとはまったく逆で、二軍ではたいして目立たない存在だった。一年目の昭和五十七年が打率二割六分八厘、本塁打四本、翌年が二割七分五厘、二本塁打と、イースタンリーグの成績はパッとしない。このくらいの選手なら二軍にはたくさんいる。が、一軍に定着しだしたとたん、人が変わったように打ちはじめた。五十八年、代打中心で三割二分六厘の好成績をあげている。さっき触れたように同じ年の二軍の成績が二割七分台だから、よほど性格的に強いものを持っているにちがいない。

球界広しといえどもこういう事例はめったにない。私の知る限りでは最近ではロッテの落合ひとりである。あの男も二軍時代は適当に流していた。この種のタイプは、いわばツメを隠しているわけだから能力を見極めるのがたいへん難しい。数字だけでその人間の価値を測ろうとすると必ず実力を見誤る。その意味で吉村の非凡さを発見した王もなかなかの目利きといっていい。もっとも王の場合、松本の価値を低く見積もりすぎて彼を生かしきれなかった面があるので、功罪相半ばといったところだろうか。

さて、肝心のバッティングだが、技術的にはかなり完成度が高い。内外高低、一応どこでもこなせる。なによりも原のように誰の目にも分かる弱点のないのがいい。若いくせに小憎らしいほど広角打法を身につけている。まだまだ小粒だが、あえていえば張本に似たタイプだ。十二日の中日戦ではとうとう三番を打った。プロ入り三年目にして初めての経験である。しかも相手のピッチャーは左の都だ。最近の巨人は左対左の不利を極端に嫌う。淡口などは絶好調時でもサウスポーが登板すると代えられる。今でこそ、そういうことはなくなったが、一時は首位打者候補の篠塚まで代打を出された。それだけにこの起用は首脳陣の吉村に対する期待の強さを表している。

その期待を知ってか知らずか、吉村は第一打席でツースリーから都の投じたスライダーをスタンドにほうりこんだ。いささかほめすぎのきらいもあるが、あのスイングは完璧だった。このままいけば来季はクリーンアップに座るのではないか。ウカウカしていると原も抜かれかねない。

原といえば彼もからんだ興味深い話を聞いた。巨人にはＯＢから技術指導を受ける伝統がある。OBインストラクターというらしい。打撃はご存じ荒川道場、守備は土井、投手は藤田といった具合である。今シーズンは吉村と駒田が荒川道場へ通った。で、結果はどうかというとご承知のとおりである。多岐多様にわたる指導のせいか、駒田はフォームがバラバラになり、見る影もない。聞けば駒田はひねたところがなく先輩諸氏の意見を傾聴するという。過ぎたるはなんとかだというから、聞きすぎて分からなくなったのかもしれない。

これに対して吉村はどうやら是々非々主義のようである。自分に合っているとみると取り入れ、どうも向かんとみると、謹んで耳を傾けつつも採用のほうはご遠慮申し上げる。若いに似ず、そのへんの選択基準がはっきりしている。堅忍不抜のそうした信念が功を奏したのかどうか、とにかく彼は上り坂の一途を歩んでいる。巨人十連勝の立役者にもなった。その様子を垣間見ていたのが原である。原も打撃フォームやその他諸事万端について、OBやコーチからいわれた経験をもつ。それだけに他人事とは思えなかったのだろう。その原が吉村に、

「お前はえらいな」

というようなことを、しみじみといったらしい。私はこのエピソードを聞いて思わず笑ってしまった。吉村のほうはよしとしても、原のほうはアドバイスを謹聴すべきだと

思ったからだ。私は王やほかの人たちが原に対しさまざまな注意をしているのを知っている。その中のいくつかは彼にとって大切な事柄だと思った。だが、原はひたすらゴーイングマイウエーを通した。考えてみるとアドバイスをどう受け入れるか、どう消化していくかというのはなかなか難しいことだ。野球以外のほかの世界でも同じだろう。その人間の人生航路の方向にまで影響を及ぼしかねない。吉村、駒田、原の三人から私は改めて、それを教えてもらったように思う。

先ほど、吉村のバッティングが張本タイプだといったが、性格的には衣笠や宇野に似ている。PLから巨人に入団したとき、彼は大学に進学すべきかどうか、すごく迷ったそうだ。そこへ王から電話が入った。

「将来、プロでやる気があるなら回り道はよしたほうがいい」

といった内容だったらしい。吉村はそのひとことであっさり、プロ入りを決意した。バッティング同様、思いっきりがすごくいい。遊びのほうも往時の堀内や柴田にひけをとらないとの評判である。とりわけ酒には目がないと聞いた。陽気な酒だという。若い仲間と繰り出して、同じ座に彼より年長者がいるのに、

「今夜はオレが持つぞ」

とやる。それでいて角が立たない。若大将的ムードを十分に持っている。このあたり

も衣笠、宇野路線だ。

近い将来、吉村は広島の小早川と並んでセ・リーグを代表するバッターになるだろう。その二人が同じPL出身というのも面白いが、それ以上に興味をひくのが両者の性格の違いである。片や吉村は豪快に遊ぶ。鬼の寮長の「ブラックリスト」に載っているというから、相当な豪傑といって差し支えない。片や小早川は先輩のスパイク磨きまでする石部金吉だ。金吉といったって、そこは現代っ子だからなにか発散の方法は心得ているのだろうが、いずれにしても双方の間には際だった差がある。

どちらがプロに向くかということは一概にはいえないが、私が南海の二軍にいた当時のことを思いおこせば、出世したのは不真面目な輩ばかりだった。昔のことだから練習が終わるとグラウンドの整備から草むしり、はては合宿所の便所掃除までやらされた。これはみんな当番が決まっている。ところが、ある男なんぞは掃除といっても一分もやらずに消えていった。それで、その分、練習に励むかというと、そうではなくて遊ぶのである。この男は後に名を成したから、実名をあげれば野球好きならすぐ分かるはずだ。

それではなぜ、遊び派のほうに軍配が上がるかというと、彼らは酒や麻雀やその他もろもろを野球のカテにし、気分転換のタネにしていた。それともうひとつ、遊んでなお活躍できるのだから、もともと能力の容積が大きいとも考えられる。これは遊び好きにとってずいぶん都合のいい結論だが、私が見てきた名プレーヤーはみんなそうだったから仕方がない。だから吉村が大成するというわけではないし、だから小早川に遊びを奨励するというのではないが、この違いが私には気になってならない。

その意味で吉村のブラックリスト入りは名誉なことだ。ただ、お分かりとは思うが、成績が悪いうえ、遊び回るというのは「ただの人」にすぎないから、くれぐれもご注意いただきたい。

（84・9・28）

人事刷新のタイミング

ベテランがベンチに勢ぞろいしているチームは、おしなべて成績がよくない。西武がその代表例である。田淵、大田、山崎といった大年増がズラッと顔を並べている。一見すると控えが充実しているように思われるが、現実はそうではない。ベテランというのはただ単に馬齢を重ねた人間のことではない。功成り、名を遂げた方々のことである。つまり、お歴々である。したがって、それぞれが勲章に見合ったプライドを首から下げている。しかも、起用すれば、昔とった杵柄で、まだいささかの働きをするから始末に悪い。表面はにこやかでも内心は、なぜオレを使わないんだ、という監督への不満が充満している。一皮むけばベンチはブツブツ派の巣窟である。ムードのよかろうはずがない。

それと、若手も困る。ベテランたちの皮肉っぽい視線にさらされながらのプレーだから、どうしても動きに硬さが残る。ぎごちなさがとれない。つい、しなくてもいいミスを犯す。そのあとに待っている先輩の辛辣なひとことも気になる。ベンチにはやはり、名も知れないプレーヤーが控えていたほうがいい。

その点、阪急のベンチは理想的だ。若い力であふれている。パ・リーグでここぐらい新陳代謝のうまくいっているところはないのではないか。昭和五十年から続いたV４時代の生き残りは山田と福本ぐらいのものだ。もちろん、当時、すでに簑田や今井はいたが、まだまだひよっこで、ベテランと呼ぶには少々履歴書が寂しい。こういう人たちはこれからが熟しごろで、いわばベテラン予備軍といったほうがいいだろう。

「チームの功労者にやめろとはいえない。引退するかどうかは自分で決めることだ」

といったのは広岡さんだが、ベテランの引き際というのはまことに難しい。本人以上に周囲が気を使う。上田監督はそれを見事にやってのけた。

たしか五十七年のオフだったたと思う。上田はこのとき、思いきった人事の刷新を断行した。島谷、大橋、山口、河村といったV４メンバーをバサッと切った。といってもクビにしたわけではない。それぞれ二軍のコーチへと転じさせている。島谷にしても大橋にしても一芸に秀でた折り紙つきのプレーヤーだ。しかも当時、まだ三十半ばだったから現役でやってやれない体ではない。それだけに上田も説得には気骨が折れたことと思

う。聞けば上田は島谷たちと個別に何回も会談を重ねたうえ、

「お前たちのほうが力は上なのは知っている。だけど将来のことも考えなくちゃならん。ワシはあえて若いのを使っていくつもりや。協力してほしい」

といったようなことを懇々と説いた。いわば長期にわたる施政方針を開陳してみせたのである。それだけでなく上田は彼らの再就職先をキチンと提示している。これから先は想像だが、

「次代を担う若手の育成はお前たちの双肩にかかっている」

といった程度のことはいっただろう。ここまでいわれたらよほど現役に未練のある人間なら別だが、たいていの野球人は進退を決する。熱意と、再就職先までフォローしてくれたという気配りに負けるのである。

上田は球界では珍しいタイプに属する。ふつうはプレーヤーとして花を咲かせようと考えるものだが、彼は広島カープに入団した当時からコーチ業の勉強をしていたらしい。むしろそちらのほうに興味があったと聞き及んでいる。関大の俊英で、読むのはナポレオンに関する書物と経営の本ばかりだったという。彼の出自や趣味を考えると、かなり信憑性がある話のように思われる。とすれば上田にとって人事は得意中の得意だったのかもしれない。

サラリーマン社会で人事は力業などというらしい。これは権力に頼って行うからなのか、そうではなくて反対を押しきったり、泣き落としたりしながら方針を貫く様子が、あたかも肉体労働に似ているせいなのか、私にはよく分からないが、「力業」というのは当たっている。もっとも力を振るうからには時として反動も覚悟しなければならない。いつも島谷たちのように丸く収まるとは限らない。

五十七年に阪急から広島へトレードに出された加藤英司のケースがそれにあたる。彼はいまもってあの移籍に不満を持っている。会えば決まって上田批判が飛び出すほどだから傷痕はかなり深い。感情的な行きちがいは別にして、これなど上田にとっては相当の「力業」だったにちがいない。人事の名手も裸になれば体のあちらこちらに刀傷があるのだろう。

当然のことながら世代交代は旧人を切るだけでは終わらない。それに代わる新人を育ててこそ一つの輪が完結する。さすがに上田はそのあたりも心得ていて、新人教育のすさまじさは他球団の比ではない。とくに、キャンプがすごい。十二球団でこんなに騒々しいキャンプをするところはほかにない。上田自身が先頭になって怒鳴りまくる。新人がそれに応じて声を出す。すると上田の倍近い音量がグラウンドに響きわたる。手にしているのはハンドマイクだから倍の音量は当たり前なのだが、巨人あたりとは迫力がちがう。弓岡にしても松永にしても、今売り出し中の捕手藤田にしてもみんなそうして育ってきた。その後に南牟礼や福原といったところも続いている。球団を去ったベテラン組から、冷血などというアダ名を頂戴することがあったとしても、新しい力の台頭がこうも顕著では、上田の判断に軍配を上げざるをえまい。投手陣に山沖を除く若手が出てこないのが難といえば難だが、これとて上田の人事手腕にケチをつける材料にはなりえない。新旧交代を目指す広岡さんもさぞ切歯扼腕《せっしやくわん》していることだろう。

以上、考えてくると上田監督は深謀遠慮の人のように思われる。私も幾度となく対戦して、そういう印象を強く持つ。

いつだったか南海と阪急が後半まで競ったことがある。ちょうどいまごろ、両チームは優勝をかけてぶつかった。こちらのピッチャーは藤田学だった。藤田は変化球が切れてなかなかの好投だったのだが、途中から上田が再三、抗議に出てきた。それもストライク、ボールの判定についてである。このゲームは三時間十分かかったが、このうち彼の抗議に一時間が費やされた。投げるたびに抗議に出てくるものだから、藤田は肩が冷え、おまけにイライラして、すっかりリズムを狂わせてしまった。結果はわがほうの負けである。終わって、当時、ピッチングを担当していた松田清コーチが私のところにやってきた。なにかと思っていると、

「殴ってきていいか」

という。私は、負けて殴りつけるんじゃ、負け犬だぞ、といって諫めたが、のちにツテをたぐって探りをいれたところ上田は、抗議に出ていくとき、ベンチに、

「ワシはいくが、ガマンしてくれ」

と、断ってからいっていたそうだ。当方の読みどおり、やはり投手の心理をカク乱させる作戦だったのである。しかも、イライラが味方に伝染しないようにあらかじめ戦法である旨を告げている。心憎い気配りといえるだろう。さすがに知略家である。

だが、知略家のくせに彼はときとして冷静さを失う。いい例が五十三年の日本シリーズである。彼はヤクルト・大杉のホームランの判定をめぐって執拗な抗議を続け、あやうく放棄試合になりかかった。前代未聞のできごとにコミッショナーがなだめに出馬したほどである。冷静さが性格の基調であればこんなことになるわけがない。要するに短《たん》腹《ばら》なのだ。深く考えをめぐらす人間にしては珍しい。情熱が洪水を起こすと、どうしようもなくなる。

この五月に起きたバンプ怠業事件のときにも、バンプを二軍に落とす、フロントがまなければ自分はやめる、とコーチ会議の席でぶった。これには全員感きわまったそうだ。全員がその言を良しとした。ある皮肉屋の解説によると、この破天荒な決断で、こ

れまで監督と五十歩の距離をとっていたコーチも百歩離れていたコーチも一丸となり、チーム成績に大いに貢献をしたという。

皮肉もここまでくれば立派なものだが、こうした突拍子のなさが上田にいい結果をもたらしているのは確かだ。風穴のあき加減がとてもいいと思う。だいいち理や知ばかりでは選手がもつまい。

最後になったが、再任四年目にして広岡管理野球を破った上田ナポレオン閣下におめでとうといいたい。

（84・10・5）

裏方が支える情報戦の肝《キモ》

私の若かりしころ、野球は根性でするスポーツだった。それが、あるときから「考える野球」になった。野球も世につれである。社会の動きと無関係ではない。無関係どころか手をつなぎ合っているかと思わせるようなところがある。それでは、いまは何かと問われれば、まぎれもなく情報戦の時代だろう。その証拠にこのところ、いち早くリーグ優勝を決めたチームが日本一の覇権を握っている。つまり、相手の戦力分析をする時間的余裕のあるほうが勝っているのである。

九月二十九、三十の両日、広島球場で行われたCD決戦には阪急の八田スコアラーたちがネット裏に陣取り、観察に余念がなかった。スコアラーだけでなく大熊外野守備コーチもいた。どこか目につかないところではビデオ班がフィルム回しに忙しかったことだろう。敵情視察にかけては広島もひけをとらないが、こう最後まで競り合っている現状では視察どころではあるまい。だから、カープの情報部隊は伝《つて》を求めてパ・リーグのほかの球団をまわるしか手がない。シーズン中の情報を借用するわけだ。といっても生のネタとちがうだけにどうしても情報の鮮度は落ちる。この分野で後手にまわらざるを得ない。

さて、肝心の阪急偵察隊だが、ゲームでのお目当ては何だったろうか。私だったら重点を三つにしぼる。その一番目がカープ打線の特徴、とりわけ山本浩二と衣笠の分析である。この二人についてはこれまでに何回となくご登場いただいたから細かくは触れないが、このあいだデータを整理していて、二人がそろって打ったときのチームの勝率がベラボウに高いのに気づいた。なんと七割一分九厘である。ある程度知ってはいたものの改めて数字を示されると、やはりうならされる。二人のうちどちらかがヒットの場合は五割九厘に落ち、両方ともに打ち取られたときは三割台へと急降下する。現金なチームだ。いつだったか、カープのスコアラーと並んで試合を観戦したことがある。そのスコアラーはチャンスに二人が出てくると、

「コージさん、頼んます。一発、頼んますよ」

といった具合に、小声で声援を送っていた。ほかの選手のときにはそんなことはなかったから、このスコアラーは二人の影響力をデータ的に知りつくしていたのだろう。

そのほかに、広島が休み明けに強いというデータもあった。これも両ベテランの体調を考え合わせてみると合点がいく。しかし、いかな両ベテランといえども泣きどころはある。ともに寄る年波である。やはり内角に手が出にくくなっている。とはいっても山本浩二はもともと内角を得手とする。内角高めはつらくなってきたが、低めならまだ十分、こなせる。カーブも危ない。内角がきつくなっているという十把ひとからげのとらえ方はむしろ危険だ。

神は細部に宿るというが、データ収集にも同じことがいえる。シリーズではこれっぽっちのことで泣かされるのだ。キャッチャーだった私にはそれが痛いほど分かる。細かい観察に手を抜いてはいけない。逆に衣笠は若い時分から内角に苦手意識を持っている。内ふところを突くシュートを投げれば、まず見送ってくる。ただ彼は投球パターンを読んで思いきった決め打ちをしてくるから、投げるほうはなかなか度胸がいる。あのスイングを見れば投手の気持ちも分からないではない。威嚇効果は十分にある。

阪急としては二人を封じることはもちろんだが、それ以上に大切なのが山崎、高橋の一、二番コンビをどうするかだ。これはＯＮの前の柴田、高田をどう料理するかという私の往年のテーマと似ている。足攻や小技のできない中日に比べると、広島には要観察の材料が山ほどある。

ついで捕手陣の研究である。キャッチャーを見ればそのチームのピッチャーが分かる。その伝でいけばこれは投手陣の研究につながる。たとえば抑えのエースに成長した小林の決め球パームボールがどういう場面で投じられるか。文字どおり決め球として使われるのか、それともカウントを整えるために早い段階からくるのか。達川と山中とでは要求の仕方がちがうのかどうか、そういうところを見極める必要がある。

それと、各投手の牽制のクセも頭にたたきこまなければならない。先日の巨人戦でもそうだったが、若手左腕の高木は一度牽制すると二度続けてはこない。注意力がバッターに集中していてそこまで余裕がないせいである。北別府はひんぱんにするようでいてあまりしない。彼はクイックモーションでの投球に自信を持っていて、そこまで気を使わなくても大丈夫だとタカをくっている。ひと口に牽制といっても、このように個々の投手によってみんなちがう。投手によってはキャッチャーの指示があったときだけする無精なのから、自分の意思でせっせと行うのまでさまざまだから、個々の性格にも注意を払ったほうがいい。

さらに研究を深めたいのなら、巨人の松本や大洋の高木が出塁したときのビデオを集めることだ。ピッチャーたちのセットポジションでの技量がもっとはっきりする。松本や高木を福本や弓岡になぞらえて学習できればこれに過ぎるアンチョコはない。阪急は足を生かせるチームだけに、こうした取材はシリーズで必ず役に立つと思う。

ただし、データ、データといっても見る人によって宝にも、ゴミにもなる。これは世間でよくある例のとおりである。したがってよほどの目利きを投入することが肝要で、人の配置を誤るとせっかくの偵察が偵察にならない。

一昨年の西武対中日のシリーズで、ライオンズのデータマンは、モッカは外角変化球に弱しという報告を上にあげたと聞いている。ところが一、二戦でのモッカは外の球をラクラクと打ちこなした。西武首脳陣もこれには、

「オイオイ、どうなってるんだ。ちがうじゃないか」

と、かなりあわてたようだ。これなどは情報の収集を誤った例である。広岡さんは第三戦からこんどは逆に内角攻めにし、ようやく抑えこむことに成功した。

その点、阪急はこの分野の先駆者である。ロッテとの天王山の試合を阪急の某スコアラーの隣で見たことがある。迷惑を承知で「最近の落合はどう?」などと水を向けた。話は次第に細部に移っていったと思っていただきたい。けれど、そのスコアラーは実に的を射た答えを返してきた。私はそのとき、さすがに伝統だなと感じいった。

伝統というのは現役時代、阪急のスパイ作戦にさんざん泣かされた経験があるからである。スパイと偵察とはちがうじゃないか、という人がいるかもしれないが、なに、根

はひとつだ。スパイの話が出たついでにもうひとつ加えると、阪急はまだスコアボード周辺に人を配置しているらしい。配しているからといって、すぐにスパイ行為につながるわけではないが、スキを見せたらやりますよ、という無言の圧力にはなる。相変わらず食えないチームだ。こういう備えをいまも怠らない以上、やはり、「伝統」といわざるを得ない。

偵察のお目当ての最後は古葉監督の采配ぶりである。どういうときにエンド・ランをかけてくるのか、どういうときにバントなのか。基礎資料はキチンとしておきたい。

私の現役時代、わがホークスを率いたのはご存じ鶴岡御大である。この親分監督はふだんは相手をのんでかかるのだが、巨人相手のシリーズになると、とたんに慎重居士になった。

「相手は緻密やからな」

と、しきりに口にする。監督のいつにない態度にわれわれプレーヤーは緊張を強いられた。やる前から見えない影に威圧された。思うにこれは監督の相性である。鶴岡御大は知将水原や川上野球にどうも気圧されるふうがあった。これが作戦にも出てくる。

そういう目でみると上田監督は山内監督のほうがやりやすかったかもしれない。豪快をモットーとする野武士野球のほうがくみしやすいと思っていたことだろう。これが古葉相手となると、いろいろ考える。なにか仕掛けてくるかもしれないという警戒心が自然に湧く。ひとことでいえば自分に似ているのだ。上田にしてみれば鏡を見ながら野球をやるような気持ちが残ると思う。知将対知将ともいえるし、謀将対謀将という見方もできる。どちらにせよ、自分と戦うのだから厄介なシリーズになる。

（84・10・12）

希望的観測は同時に二つのものを失う

日本シリーズの始まる前、いろんな人から予想を聞かれた。聞かれるのは当方の仕事のうちだからいっこうに構わないのだが、自分なりに分析してみて大いに弱った。両チームともあまりに似すぎているからである。

たとえば投手力ひとつにしても、純粋に力だけを比べれば広島のほうが上をいく。けれどセットポジションの巧拙や守りのよしあしを加味するとまったくの互角になる。打力の場合もただ打つだけなら阪急に分があるが、代打陣を含めるとその差がずっと縮まる。守備面でも内外野の肩の強さをいれたうえで検討しなおすとあまり差が感じられない。おまけに上田、古葉両監督とも双生児であるかのような采配をする。

私はなにも何勝何敗でどちらが勝つといった占いまがいの予想をしたいとは思わない。しかし、評論家のはしくれとしてゲームの個性のようなものをあらかじめ引き出してみたいとは思う。なのにこれでは、その試みは頓挫をきたしかねない。いずれにせよ、どちらが打撃力のチーム、片一方が守備力のチームなどという、単純な割り切り方はとても無理である。あえていうとすれば実体が影と戦っているような状態と思えばいいだろうか。

実際に一、二戦を見て、そうした思いをいっそう強くした。長所もそうだが、弱点まで似ているのだから、シリーズ名の頭に「ドングリ」というアダ名でも冠したくなる。その好例が両チームの捕手である。

キャッチャーというポジションは監督代理のようなところがある。一瞬一瞬のプレーの中では少なくとも司令塔の役割を果たさなければならない。が、達川も藤田も、まだリードに手いっぱいでそれどころではない。もうひとつ厳しくいうと、そのリードにもずいぶん、不満が残る。新人王の呼び声の高い藤田の場合はあまりに若い。見ていてアッと声が出そうになる。第一戦、長島に打たれた逆転のツーランホームランにしても打たれるべくして打たれている。山田対長島の四打席を振り返ってみると十五球の投球のうち、内角はわずか二球にすぎない。しかもボール球である。これは、長島が内角の直球に強いという事前のデータに従った結果だと思われる。問題の第四打席も五球続けて外を攻め、六球目に内角のシンカーをほうり、カウント2―3のあとの外角カーブを打ちこまれている。いくらデータどおりでもこれではやられる。

一途《いちず》すぎる配球は山本浩二のときも衣笠のときもあった。第二戦で三回の先頭打者・高橋に二球目のストレートをライトスタンドに持っていかれた。運よくファウルになったが、それ以後、彼に対しては、みんな変化球で臨むようになった。こんなことをしていたら第三戦から先、高橋はハナから直球を捨ててくるにちがいない。戦う前から陣地をひとつ明け渡してやったようなものだ。

若いといえば藤田と同年配の西武の伊東が去年のシリーズで成功している。黒田の後を継いだ伊東の単純なリードが功を奏した。しかし、去年は相手がよかった。巨人打線というのは相手ピッチャーの投球を読もうなどとは夢にも思わないらしい。大方が自分の好きな球種を決めこんでブンブン振ってくる。こういう素朴な打者に対しては、「困ったときは外角低め」というイロハを守っていれば道を誤らない。だが、藤田が相手にしているカープ打線は読み達者ぞろいだ。ひとつ例を挙げよう。

シーズン中、巨人は中日の牛島のフォークに手もなくひねられた。スミスなどは二年いてほとんどかすらなかったのではないか。が、その牛島もカープ打線にはよくやられている。これは山本浩以下のかけひき上手が牛島のフォークを読んでいるからである。読み勝てばフォークをはずして他の球種を狙うこともできるし、その逆にわざとフォークにしぼることも可能だ。フォークのない牛島なら並の投手だ。牛島はあらかじめツメをもがれていたことになる。話がだいぶ横道にそれたが、要するに広島は巨人にあらず、したがって藤田を伊東に見立てて二匹目のドジョウをとろうとするのは甘すぎる。見当はずれなのだ。

一方の達川にしても、まだシリーズをまかせられるキャッチャーではない。なるほど怪人といわれたブーマーを内角攻めにし、一、二戦を通じてヒット一本に封じこんだのは立派だ。だが、その攻め方を簑田にまで使おうとして第二戦で手痛い一発を浴びた。確かに北別府の球威も落ちていたが、もともと簑田はシュート打ちに定評がある。ブーマーと同等に扱ってはいけない。それと簑田に打たれたあと、古葉に北別府の状態を報告すべきではなかったか。北別府はこのあとブーマーを抑えたものの松永にも打たれ傷口を深くする。このシーンは古葉の継投ミスでもあるのだが、老練のキャッチャーなら、口を深くする。

「だいぶ、バテてますよ」

などと監督と会話を交わす機会をつくっただろう。

巨人のＶ９時代、森昌彦は川上監督との間に二人だけに通じるシグナルを決めていたそうだ。ピッチャーがそろそろ危ないですよ、という「状況報告」である。川上監督はそれにもとづいて交代の時期を選択したといわれている。達川にここまで要求するのは荷が勝ちすぎて気の毒のようにも思うが、監督もいつも万全とはいえない。百戦錬磨の古葉にしても迷いは生じる。とくにあそこはうまくいけば北別府が完投し、投手を一人でまかなえるかもしれないというケースだけに色気が出たと思う。

シーズン中のゲームなら、あるいはそれで通ったかもしれないが、日本シリーズのような短期決戦で、そうした希望的観測を持ち出すとロクなことがない。

私の経験からすると希望的観測は同時に二つのものを失う。ひとつは敵の強さと勝利に対するひたむきな姿勢に関してのこちら側の警戒心。もうひとつは自軍はそれほど強くないという謙虚さである。第二戦の最終回、古葉は明らかに楽天的でありすぎた。達川がもう少し経験を積んでいれば、監督のプライドを傷つけない範囲でサラッとひとことあっておかしくない場面だった。

海の向こうではタイガースとパドレスがワールドシリーズを争ったが、勝ったタイガースの四番は大リーグナンバーワンといわれる名捕手のパリッシュ、片やパドレスのほうはナ・リーグで三指に入るケネディ捕手を擁している。手前ミソになっていやなのだが、トップクラスの戦いはこうしたものだと思う。守りの要に人を得てこそ「最終戦」に駒を進めることができるのだ。あちらの実況フィルムとこちらのゲームを比べると、どうもわがほうは試合展開に締まりを欠く。それにキメも粗い。五十年の歳月をかけて日本の野球は少しずつ進歩してきた。サインプレーも一応こなし、トリックプレーも単純なものではだれもひっかからない。そういうところまできた。なのにキャッチャーだけは先祖返りをしていないか。肩が強ければいい、体さえ丈夫ならいい、という旧来の発想がまたぞろ顔を出してきてはいないだろうか。シリーズを見ていて、そんな気がしてならなかった。杞憂ならば幸いである。

もっとも、この分野に限っていえば阪急は切り札を持っているといっていい。中沢の存在である。試合前、中沢に、

「こんどのシリーズは先発でいかないのかね」

と、探りをいれたところ、例の温顔で、

「とてもじゃないけど」

と、手を横に振っていたが、私は五分五分の均衡状態から阪急が抜け出すには彼の力が必ず必要になると思う。いつだったか、上田監督に中沢と藤田の併用について尋ねたことがある。そのとき上田監督は中沢の肩の衰えを気にしていたように思う。それともうひとつ。こうもいった。

「山田以外の連中じゃ、中沢の頭脳についていけん」

それは分かる。しかし、これはペナントレースに通じても日本シリーズには通じない

論理だろう。シリーズでは逆にみんなが中沢の頭脳についていかなければいけない。一、二戦で両チームはそれぞれ三人の投手を使った。小林が二戦でいささかミソをつけたが、彼に関しては周囲の期待が強すぎるきらいがある。かつての江夏のように受けとっては小林が重圧でつぶれてしまう。彼は広島のリリーフエースではあってもセ・リーグの、あるいは球界の名火消し役ではない。だから、つけたミソの量もタカが知れていると考えたほうがいい。

ともあれ、六人がともにそれなりの投球を見せた。ふつうシリーズは四人の投手で回す。となると両チームとも最後の四人目が問題である。そのできの如何がシリーズ全体を左右しかねない。そして四人目を一本立ちさせるかどうかのカギはキャッチャーが握っている。ナンバースリーまでに比べ、その比重はずっと大きいはずだ。この際、上田、古葉の捕手起用法に注目したい。

（84・10・26）

勝つための論理が必要だ

広島対阪急は似た者同士というのが今シリーズの戦前の予想だった。確かに投攻守どれをとっても力が拮抗していて双子のケンカのようなところがあった。ところが、いざ始まってみると、似ているようで似ていない。なるほど腕力は同等だが戦い方がまるで違う。つまり監督の采配が両極端なのだ。

古葉監督は奇襲がお好みらしく、多分に冒険主義的な野球をする。私は古葉が以前からときどき、セオリーの裏をかこうとすることを知っている。だが、昔はこんなに連続して桶狭間戦法を仕掛ける監督ではなかった。私は古葉の指揮ぶりを見ながら、いつからこんなに解説者泣かせの監督になったんだ、と思った。うっかり、

「次はバントでしょう」

などと定石を踏まえた解説をしようものなら、たちどころに裏切られかねない。バン

トどころか、ヒット・エンド・ランや盗塁だったりすることが多い。舌の根が乾かないうちにそういうシーンを見せつけられるのでは、解説者の心臓に大いに悪い。テレビの画面は外野を転々とするボールを追っているのだから、バツが悪いったらない。だから私はテレビで古葉の采配に触れるときには、

「定石はこうですが、古葉監督は何をするか分かりませんから」

と、必ず言い訳を付け加えるようにしている。恥をかかないための予防措置である。

ところで、この冒険策の効果のほどだが、私は、はなはだ疑問に思っている。当たると爽快感が残るが、相手に対するダメージは思ったほどではない。むしろ、定石をコツコツとこられたほうがボディーを打たれたようにあとになって効いてくる。

たとえば三勝三敗にされた第六戦の初回、広島は一死一、三塁のチャンスをつかんだ。バッターは山本浩二である。ふつうなら山本にじっくり打たせるところである。

ところが古葉は一塁走者の衣笠を走らせた。幸い盗塁は成功し、二、三塁となったが、私にいわせればこのスチールはあまり意味をなさない。それどころか逆に山本を働きにくくしている。なぜなら、相手投手はどうせ二、三塁になったのなら山本を歩かせてもかまわない。そのつもりできわどいところを攻めようと考える。これはものの道理である。そして、案の定、この場面で山本は三振に倒れた。次の長島がタイムリーヒットを

打ったから、この冒険策は結果オーライの隠れ蓑に包まれてしまったけれど、私には気になった。シーズン中、セ・リーグでは王がこの作戦をしばしば見せたが、一種の流行なのだろうか。

このほか、山田が、江夏の二十一球を思わせるような投球をした第四戦の八回表、無死二塁の好機に長島に強攻させて得点できなかった。2対2の同点で、しかも回も押しつまっていることを考えれば、たとえ大リーグでもここはバントだろう。いちいち重箱の隅をつついていたらキリがないのでやめるが、とにかく電撃作戦が目立ちすぎる。統計的に見れば奇襲の成功率の低いことぐらい、古葉は百も承知のはずだ。なのに、あえて奇襲策を採るのはなぜだろう。つらつら考えるに彼は奇襲が成功した場合の味方の盛り上がりを期待したのだと思う。ムードをつくって一気呵成に攻めこもうと策したのだ。しかし、相撲だって勝敗を最優先すれば寄り切りか押し出しが無難かつ確実なはずである。二枚蹴りや外掛けばかりで優勝できるはずがない。その点、古葉は少々、ハメをはずしすぎたきらいがある。第七戦までもつれこんだ理由がそのあたりにないだろうか。もっとも、すでに千勝を果たした古葉のことである。知ったうえで新しい野球に挑んでいるのかもしれない。が、結局、いきつくところは元の世界だと思う。寄り切りにまさる決まり手はないのである。

これに対し、上田監督は不気味なほど動かなかった。私はむしろ、仕掛けるのは上田だろうと踏んでいたが、予想に反した。送るべきところはハンで押したように送り、じっくり打たせるところはじっと見守った。裏をかくことに熱心だった古葉とは対照的にひたすら定石を歩んだ。その底にあるのは選手に対する頑固なほどの信頼である。

いい例がブーマーの起用だろう。怪人といわれたこの大男もカープ投手陣の内角攻めになすすべがなかった。第六戦の前日、シーズン中の好調時のビデオを見て、フォームをチェックしたようだが、私にいわせれば、こういう作業はムダ以外の何物でもない。

ブーマーの打法はスイングするというよりマサカリでも振り下ろすのに似ている。これだと外めの球は打てるが、内角高めにくると長い腕を折りたたまなければならず、とたんに窮屈になる。ちょっとした目利きが見ればすぐ分かる欠点である。パ・リーグのピッチャーたちもそのぐらいは分かっていたのだろうが、パには内角で勝負のできるピッチャーがあまりいない。どうしても外角勝負になる。これではブーマーの思うツボである。

ところが、広島のピッチャーたちはみんなズバズバとイキのいい球で内側をついてくる。ブーマーもさぞ面食らったにちがいない。怪人もここを押さえられたらグウの音も出ない。要するに、彼の不振はスランプとかフォームの崩れとかいった原因ではない。

もともとの欠陥が暴露されただけなのだ。こうなると、彼が四番である必要はまったくない。それどころか、むしろ打順を変えたほうがよかった。四番が安全牌だと分かると、敵のピッチャー連は三番バッターに対して四球覚悟できわどいところを攻めてくる。これでは三番がかわいそうだし、打線が切れて、線でなくなる。

今回のシリーズでは簑田が思いのほか活躍しなかったが、これは理由のないことではない。試合の合間に会った達川がこんなことをもらしていた。

「次のブーマーでアウトひとつ計算できますからね。簑田さんを歩かせてもどうってことないんですよ」

やはり、ブーマーの不振が連動している。となれば、当然、打線の修正がなされてもおかしくない。私なら三番に小林晋を上げて四番簑田、ブーマーは松永のあとの六番にすえる。このプランは何も私だけでなくほかの評論家も口にしていたから、当然、上田の耳にも届いたと思われる。しかし、上田は、

「いろいろいってくれる人はいるが、私は選手を全面的に信頼する」

といって、かたくなにブーマーの四番を通した。ここまでくると信頼と意地とが紙一重のような気もするが、選手たちに監督は動じないと感じさせた効果は十分、推察できる。

上田の不動の構えは第一戦、第四戦で山田を完投させたところにも表れている。初戦はともかく第四戦では七回、八回、九回とピンチに見舞われ、交代の機会がないではなかった。しかし、上田はとうとう一度も山田を代えようとはしなかった。山田と心中するといった気構えが色濃く出ていた。いずれの試合も負けはしたが、ナインの間に悔いはなかったように思う。上田を非難する声も聞かれなかった。

それにしても、二人の野球の違いはどこからきたのだろう。敵の意図を探ることを本分とするキャッチャー出身の上田と、一か八かの盗塁に賭けてきた元盗塁王・古葉との出自の差と解釈することも可能だし、セとパの野球の違いがそのまま表れたと結論づけることもできる。とくに古葉に関しては後者の説に説得力がある。

セ・リーグは川上巨人のＶ９時代の影響が強く残っていて、一時期まではえらく堅い野球をした。セオリーを一歩も踏み出すことがなかった。そのせいか、いささか物足りないとさえ思われた。ところが、ここ三、四年、どうもその堅さがほぐれてきた。ほどよく柔らかくなるならいいが、いささか度をすぎて崩れすぎのきらいなしといえなくもない。奇手を好むことにかけては諸監督ともに古葉を上回る。こと奇手好みということではむしろ古葉は下位に位置しているかもしれない。それほどセの野球はこのところ変わっている。

今回の日本シリーズは両リーグ代表がぶつかり合うというキャッチフレーズの割に看板倒れだったような印象が強い。なにも全国区の巨人や西武が出場しなかったせいではあるまい。思うにその原因はセの奇襲野球にある。チャンスはあるが、その割に点が入らない。接戦なのに見ている側に不満感が残る。これはやるべきことを積み重ねていないためである。したがってキチッとした戦いの構図が描かれてこない。ゲームを左右するのはもっぱら意外性である。河津掛けの連続では食傷するのは当たり前だ。味のあるガップリ四つの勝負を見たいと願ったのは私だけではなかったと思う。

（84・11・2）

捕手談議・大学出に名捕手はいない（対談・森昌彦）

野村　長年やってて、この人は名捕手だったなというのは、いるかね？

森　野村という人がいたね。

野村　何をいうとるのや。

森　ノムさんこそどう？

野村　いないね。何でやろう。結局、ファインプレーがないからね。長嶋みたいに、やさしいものをむずかしく見せるということは、キャッチャーには絶対できへん。キャッチャーの本当の技術の巧拙は、相当な専門家が見てないと見えない。

森　そういうことね。

野村　キャッチャーの仕事というたら要するに気働きよ。つまり女性的な要素が多分にある。男性でありながら、仕事の内容は女性的でしょう。そこに名捕手がなかなか出現しない理由があると思うんだよ。完封すれば、お立ち台に立つのはピッチャーだし。

森　確かに育たない……。どういうんかな。いつも思うんだけど、日常の生活と関連すると思うんだよね。

野村　キャッチャーをやっている間に捕手型になっちゃったのか、生まれつき捕手型なのかということなんだけれども、自分は、育ちからきているような気がする。片親で育って、母親が働きに出ている。小学校から飯炊きせないかんような、そういうことが子供のときに身についちゃったような気がするんだ。

森　「おしん」やね。ぼくの場合、育ちはノムさんとは違うけれど……。

野村　あんたの場合は性格じゃないか。生まれたときから捕手型のような気がするよ。

森　それはないけど、仕事の気配り、目配りというものはしつけによって、ずいぶん教育された面があると思うな。

野村　お父さんとかお母さんは非常に厳格だったの。

森　厳しいしつけだったね。

野村　掃除、洗い物をさせられたわけ。

森　自分のものは自分で整頓していかなきゃいかんし、細かい仕事も仕込まれたよね。

野村　われわれ、どうしても専門の分野だから、基準が高くなっちゃうんだけど、八十点はとれるようなキャッチャーといえば、われわれの後輩としては、中沢（阪急）なんか、いい点をやっていいんじゃないか。

森　キャッチャーは地味なポジションだけれど、ジーッと見ていると、一つ一つのピッチャーの投球に対して、本当に気配りというか、この一人のバッターをどういうふうに処理しようかという、表現というものがありますよね。そういうことからいえば中沢なんかは、これをどう攻めて、どういうふうにしようかということがよーく分かるね。彼も年数を経て、苦労もしているから……。

野村　中尾（中日）は、見ていて性格的に捕手型じゃないわ。新聞記者に聞いたのかな。森、野村がつくったキャッチャー像というものをおれが変えてみせるということをいっていたことがあるね。具体的にどういうことなのか分からないんだけど、走れて、守れて、打てるということをいっているらしい。それだとしたら大きな間違いだよ。

森　彼は陰の人間じゃなくてスターだからな。

野村　スターといえばドカベン（香川＝南海）はどうだ。

森　DH（指名打者）やったらいい。

野村　捕手じゃないということかい？

森　ボクの口からはいえんな。

野村　梨田と有田の近鉄勢には、おれも期待していたんだ。特に日本シリーズを経験すると、キャッチャーはいちばん伸びるだろう。梨田は広島と二回経験したのかな。だけど進歩が見えないんだよ。キャッチャーは、特に危機感というか、怖さを知らなんだら、いいキャッチャーにならんのよ。その点、巨人の山倉は少しずつよくなっている。昭和五十八年、西武に痛い目に遭ったでしょう。目の前に日本一が見えた第六戦の九回の裏、あの教訓がこれからどう生きてくるかですよ。

森　まだまだ相手が見えるところまでいってないと思う。山倉の場合、競争相手がいないからね。ひしひしとしたものがない。それですんでいるから……。

野村　でも、成長はしとるで。

森　日本シリーズで会った感じでは、うちのキャッチャーのほうが、守るということに関しては忠実にしてくれたと思う。とくに伊東が伸びてきている。高校出でわずかな期間で日本シリーズに出て、それ相当の結果を出してくれて。まだ頭の面で要求するのは酷だと思うけど、年々いいものは出てきている。今年は正念場だと思いますね。

野村　西武の三捕手はみんな性格が違って面白いね。大石は頑固一徹。間違った信念を貫こうとする。これはキャッチャーとして考えもんや。伊東との大きな違いは、素直さがあるかないかでしょう。伸びるのには、素直さというのがいちばん大事なんだ。素直さに駆け引きとかずるさというのを少しずつ入れればいい。その点、黒田は、八〇パーセントずるさしか考えていないわけだよ。裏をかこう、裏をかこうと。バッターだって、いろいろなタイプがいるんだから、人によっちゃ、裏が表になっちゃうんだよ。

森 それはあなたが悪い（笑い）。

野村 わしは相手を見てずるさを発揮してきたんだけど、黒田は、どのバッターにもずるくいこうとしている。

森 大先輩に、よう似とるで。動作から、しゃべりから、飯の食い方まで、ほんとにノムさんそっくり。

野村 誤解されると困るんだけど、大学出のキャッチャーはどうもいかんね。大学出の名三塁手はいるけど、大学出の名捕手って見たことない。大学の十八歳から二十二歳まで、あそこで変な習慣がついちゃうんだね。それと自分は大学でやってきたという自負心があるんだね。

森 本当の教育を受けてないから怖さを知らないし、それに三年くらいでレギュラーになったら、勉強もせえへんもん。勉強って野球の勉強よ。

野村 なぜ高校出がいいかというと、高校生は、プロへ入ったところでもう自分が自覚してるわけだよ。十八歳ぐらいでポッと入ってきて二軍にいても、当事者意識でもって一軍の試合見てるでしょ。自分はなんにも知らない、プロでいろいろ学ぼうという具合に。大学の名捕手といわれてきていると、昔の名声がこびりついてるから、勉強の意欲に乏しい。

森　ほんとに自分で勉強していこうという気がなかったら、ものを覚えないですよ。そうやってものを見るか、見ないか、そこでずいぶん差がついてくる。これは人に教えられるものじゃない。ぼくはキャッチャーによくいうんです。味方が打ってるときでも、自分が座ってたら何をするかということを考えながら野球を追ってけと。やっぱりその積み重ねが、キャッチャーとしての第六感というか、そういうものを養っていくと思うんです。ほんとに数秒の中で相手の監督の采配、その打者の長所、欠点と、自分のところのピッチャーの調子、それに対する守備位置、すべてのものを指一本出す前に考えて、指を動かしていくわけだから、これは常日ごろの鍛え方というか、自分自身のそういうものがなかったら、瞬時にして頭をよぎらない。

野村　だから必ず名捕手はヘビースモーカーになる（笑い）。

キャッチャーの適性を見るのはむずかしい。新人が入ってきて、白紙に戻してポジションを決めていくとして、ほかの野手だったら、足が速いとかで外野とかショートとかすぐ決まるんだよ。キャッチャーの最優先は性格なんだよね。ところが、性格を見抜くというのは時間がかかるんだよ。

森　それはそうですよね。やっぱり、あんたもそうだけど、ねちっこさがなきゃだめだね。

野村　わしはそんなものはないよ（笑い）。

森　そんなことはないよ。

野村　あんたは、十点取られても十一点取られまいとするキャッチャー。わしは10対0、もうええわってタイプ（笑い）。

森　十点取られても、あとの一点をとにかくやらん、という考え方がキャッチャーにいちばん大事なことであって、勝負なんてものはどう転がるか分からない。あきらめたら、それで終わりだし、一点取られても、二点目はなんとか防ぐ。二点取られたら三点目はなんとか防ごう。その一点が必ずどこかで響いてくる。百三十ゲームの中で、一つ、二つ、そういうことの努力によって拾うことができたら、それは大きな星になって変わってくるからね。それは数字では表れてこないものであって、それこそキャッチャーとしての本領でしょうね。

野村　野球の奥義をきわめるというのは、キャッチャーがいちばんなんだ。ほかの野手の性格もつかめてくるし、コーチとか監督の能力もよく見えるからね。

森　グラウンドにポッと入ると選手が練習している。そうしたら、別にアラを探すわけでもなんでもないけれども、全体が目に入るのね。内野手でゴロを捕っている人、あるいは走塁練習している人、外野で捕球している人、それぞれがどれだけ打ちこんでやっているかが一瞬にして目に入る、これがキャッチャーの習性だと思うね。また、そこまでいかないと、実際のゲームになって、どうしようもないもの。

野村　あまり見えすぎると、いいろいろなことが言いたくなって嫌われることもあるやろ。キャッチャー出身のコーチがいるとうるさくてかなわん。森なんか、そう思われてんのとちがうか。

森　嫌われたって、好かれてやろうと思っていないもの。選手に好かれるのがいいコーチなのか。その選手が一時はいやな思いをしたって、必ず将来、いわれたことがプラスになってはね返ってきたら、大きな財産になるし、チームにとってもものすごくプラスになる。だから、少々いやなことだっていわなきゃいかん。ぼくにいわせれば、選手に好かれようと思ったらコーチはやめたほうがいいと思う。それよりもまず自分の仕事が何か。チームが強くなる、勝つために何をするかということのためには、やっぱりいやなこともいわなきゃ。だれも好きこのんで嫌われようとはしないけれど。

野村　コーチだったら、見えないものを見るのがコーチだと思うんだ。ナイスピッチング、ナイスプレー、こんなのはお客さんでも見れるんだ。見えないところを見るのがコーチということになると、キャッチャーとして苦労した人が、いちばん適任なはずなんだよ。

森　監督とピッチャーの間に入るということは、これほど辛いことはない。ぼくもずいぶん経験しましたけど、何をとるかということですよね。チームの勝利を第一に考える。そういうことをすればピッチャーからいやがられる。監督から相談を受けるでしょ、そのときに、はっきり状態を報告する義務がある。あとの決定は、代えようが代えまいが、監督が持っているんだから。だけど、ピッチャーというものは、代えられたら、キャッチャーが余計なことをいったと解釈する。そういう板ばさみはものすごくあったよね。だけど、ある面では嫌われていかなきゃ、それは勝てはせんわ。同好会でやっているわけではないんだから。勝つのが目的であれば、正しい報告をするのが本当であってね……。

野村　ヘッドコーチなんていうのは、監督にいいたいことをいって嫌われてもいいと思うんだよね。いうべきことはいわないかんからね。それを生意気だというようじゃ、監督は失格だわ。

森　しかし、コーチも監督に恵まれなかったら殺されるだろうな。そういう点では、ぼくは広岡監督という、すべてにおいてよく理解してくれている人がいるからこそ、できるんだと思いますよ。

野村　キャッチャーやってて受けやすいというピッチャーはどういうタイプ？

森　やっぱりコントロールのあるピッチャーでしょう。自分の考えにだいたいついてきてくれるもの。そうすると、キャッチャーとしての面白みというものは倍加されますからね。

野村　技巧派を受けてるのは面白い。これはボールを通して会話ができるから。ワシなんかがやってて、面白かったのは皆川（南海）だね。これはキャッチャーで生きるやつだから。杉浦（南海）は一向に面白くなかった。球に威力がありすぎてリードなんていらなかったものな。彼が投げているとキャッチャーは壁にすぎない。皆川をうまく持っていくと、野村のリードといわれる……。だから杉浦と似ている江川も受けたくないピッチャーだよ。森は江川なんか受けたいのじゃない？

森　違うね。キャッチャーとしていやなのは、江川のようにある程度力を持ちながら、のらりくらりと自分の気分によって投げるタイプですよ。たとえばピッチング練習のときでも本当に懸命に投げてくれれば、こっちも声を出して「よっしゃ、よっしゃ」といえるけれども、いつになったら全力で投げるのか分からんようなええかげんな放り方されたら、もう全然やる気なくなっちゃう。

野村　おれは受けたいピッチャーいっぱいいるわ、いま（笑い）。巨人なら、西本やと思うけれども、これは誰が受けてもそんなに変わらんからな。定岡とかね、ああいうのは受けてみたいな。こっちの個性が出るようなヤツね。広島でいえば、大野とか、いいものを持ってて生かしてないピッチャーだな。

森　ぼくは柳田（近鉄）はもっと力が出せると思うけどね。

野村　パ・リーグにはいっぱいいるよ。ロッテのピッチャーなんか全部受けてやりたいわ。どんだけプラスアルファが出せるかって。ろくなのいないけど。ああいうの、わしは好きなんだね（笑い）。誰が受けてもどないもなれへんというやつ受けてみたいね。

森　ノムさんはずるい（笑い）。

野村　でも神経使いすぎたせいで、髪の毛がゴッソリ抜けたよ。森はたっぷりあるのぉ。

森　ぼくだっていろいろ痛んでる。キャッチャーは痛むもんよ。

野村　現代に名捕手がいないのもそのへんだね、どうも……。

（84・2・24）

十二球団監督／人事管理術の巧拙（対談・西本幸雄）

西本　西武というチームはベテランを頼らなければ、力を出せないんだね。ところが、広岡の頭の中には新旧の勢力を切り替えてやろう、切り替えてやろうという考えが早くからあった。そのへんを古い人たちは非常に敏感に感じたと思う。

野村　不振の原因は、監督と主力選手の、相互信頼に亀裂が入ったということですか。

西本　年とってきたら、選手は自分にムチ打たないと、力を維持していくのが難しい。

野村　休みだすと早いんですよね。

西本　だから疲れが出てきたとき、休ませるのはいいけど、かなり因果を含めて、次お前らにまたムチ打つぞ、休んだあと頼むでといっておかなけりゃいけない。何もいわないで休ませたらもうダメになっちゃう。

野村　広岡監督の実力優先主義というのはいいと思うんですが、人間がやっていることなんだという意識に乏しい。ベテランには自分がやってきたという自負があるから、そのへんを理解してやらないと……。

西本　いままでうまくきたから、自分の道をいっておけば間違いないという、絶対的な信念が非常に強い。それはそれで勝負していく人間だからいいと思うのね。ただ、監督と肩を並べるほどの力がある人たちには、ときにはおだてもするし、くすぐりもしなけりゃね。広岡監督にはそういうことはほとんどないんじゃないかな。とにかく監督の新旧交代意識がチームの中に出すぎて、田淵を筆頭にベテラン勢が早く老けこみすぎたのではないか。田淵なんかまだまだやれる。もう少し使おうと思えば、使えたはずだ。

野村　チームというのは、いまの言葉でいえば窓際族が三人ほどいたら、もうだめになるね。一人ぐらい落ちていく人はいても、あとの二人はまだやるような格好でいけたら、そう問題は起きない。一人が不平をいっても、残りの二人がなだめ役にまわれるからなんだ。

西本　ヤクルトでの失敗と同じことをやったでしょう。いちおう、結果的には三位になりましたけれども。本当の三位じゃないもの……。

野村　人間の弱みというか、今度のことがいい経験になって、だんだんできてくるんじゃないですか。あの人はまだそんなに奥義をきわめるようになっちゃいかんよ。

野村　一方の巨人の王監督はどうですか。

西本　川上野球というものが、巨人にはもちろん残ってるし、セ・リーグ全般に影響してると思うんです。だから先制して、リードしてるときには非常に強引にくる。半面、セの連中は先制するまでは非常に堅い野球をする。巨人は自分の力を信じながらも公式戦に入ると、出たらバント、出たらバントということを繰り返す。だから選手全体に、ここで一点取らなきゃいかん、一点取らなきゃいかんという硬さを生んだ。相手にリードされているとますますそういう形の試合になる。

それにもう一つ輪がかかったのは、創立五十周年でしょう。どうしても「今年」という意識が、さらに硬くしてしまった。広島と中日に離されてあきらめてから、チームの実力が出てきたもの。

野村　後半の巨人の力が本当の力ですか。

西本　ぼくはそう思うね。

野村　そういえばオールスター後、勝率は巨人が第一位なんです。王を一年で評価するというのは酷ですけど、王に関してはまだ将来があるということでしょうね。

西本　監督に就任したとき威勢のいいことをいっていながら、頭の中には、川上戦法がこびりついて離れなかったと思うのね。ワンちゃんだから、ほとんどの人が批判ということをしないけれども、自分とチームの力を発揮させるのにどうしたらいいかという方法を誤ったように感ずるね。

野村 後半は王監督も采配面であんまり動かなくなりましたけど、前半ものすごく動いたでしょう。エンド・ランと決めたら、カウントも、打者、走者も、何も関係なくエンド・ランやっちゃう。

西本 とにかくゲッツーで二人死ぬのが怖いんだね。

野村 そうですね。一、三塁のケースで二盗なんて多かったですね。

西本 三番であろうが、四番であろうが、ワンアウトで走者が出たら、セカンドに送っとかなきゃという、手堅い野球が目につきすぎた。

野村 四番原にバント、四番中畑にバントというのはどう解釈されますか。

西本 新聞にたたかれようが、打てるやつには打たしにかからな、あかんのよ。

野村 それでネット裏の人がほめるでしょう、王だからできるとか、あれが厳しさだとか。

西本 長嶋の場合はしまいのほうになってから、批判みたいな話は出てきたけれども、ひとつも長嶋が勉強になるような意見は出なかったんじゃないかな。王の采配についても、ぼくはいえるときにはいったつもりやけど。この人はアンタッチャブルやからな。

野村 一年目、ぼくらも経験あるんですけど、ノーアウトでランナーが出る。バント、盗塁、エンド・ラン、その中から一つの作戦を選択する。やっぱり何かやらないと監督業やってないというようなことなかったですか。

西本　それはあるよね。

野村　じっとしてるのも作戦だというのは最初、分からないでしょう。走れるやつが出れば走るの待ってる、打てるやつが出れば打つのを待ってる。なかなか待つ采配というのができない。その意味で前半の王監督は試合に参加しすぎた。

西本　王は今年いい勉強したと思う。来年、今年の後半戦のようにのんびりしたものでいけるかどうか……。

野村　来年が見ものですね。開幕にどういう野球をするか。

西本　開幕から一カ月ぐらいの間、非常に面白いと思う。

ところで古葉はだんだんずる賢くなってきたな（笑い）。人が悪くなってきたなという感じが最近はするね。

野村　余裕がさせているのか、性格でするのか、それとも監督観が変わってきたからやらせるのか。

西本　チーム全体を掌握したという自信のせいじゃないか。山本浩二を休ませたときも、そのあと使うときに六番に置いて、若いやつを三番にもってきてる。西田あたりの後塵を浴びるようなところに浩二を置いたりする。こういうことがやれるというのは、浩二を握ってるというだけじゃないと思う。

野村 古葉は今年十年目ですか。長期政権が非常に少なくなったでしょう。展望を示さずにその場しのぎの対策ばかりやってる球団が非常に多いから。

西本 チームをまかせるときに、初めから、これは絶対大丈夫と思って、自信をもって送れる人はだれもいないと思うんです。だけども決めたら、育てにかかるという気持ちが球団にほしいね。

野村 雇うほうだって指導者としての素質は見れるでしょう、才能は別にしても。

西本 そのとおり。なのに、ちょっと踏みはずすと、周りのやつらがワイノワイノと言い立てるでしょう。するとその人を監督にした人たちもグラグラしてしまうのね。そこらへんに育たんもとがあるんじゃないですか。だから人がいないんじゃなくて、育てないんじゃないかと思うんです。

野村 育てるのに、特にリーダーとなると歳月がいりますからね。ところで古葉監督を名将と認めますか。

西本 ぼくは認めておるね。いっぷう変わったところがなければ、大監督でないみたいなことをいう人がいるけれども、ありきたりのかっこうをした大監督がいてもいいんじゃないか。そのタイプのナンバーワンじゃないかと思うけどね。

野村　西本さんの弟子の上田監督に似ていないでしょうか。

西本　野球が好きで、熱のあるところは上田は天下一品だ。

野村　西本さんと同系じゃないですか。

西本　人間がおみこしを持ち上げる力は、決まっている。そしておみこしの重さが、持ち上げる力の和よりも大きかったら持ち上がらないかといったら、そうではなくて、気持ちがひとつになっていけば上がるんだ。

野村　一瞬は持ち上がる。

西本　持ち上がる。それが気勢というものだ。

野村　上田は持ち上がらないみこしを持ち上げられる何かをもってるということですか。

西本　………。

野村　どうしたんですか、黙りこんじゃって……。上田の話題になるとしゃべりにくそうですね（笑い）。

西本　ちょっとヒステリーみたいなかっこうになりよるからな。

野村　相手にしたらいやですよ、あのヒステリーは。ゲームの最中、抗議に出てくる顔つきでも、すごいですよ。

西本　あいつは将たる器だと思うの。思うけども、もうひとつ大きくなってほしいな。

野村　器が大きくなるというのはどういうことですか。ぼくは器が小さいから分かんない。大きい器というのは、デーンとしてるのが大きいのか、小事細事にこだわらないことをいうのか。

西本　監督というのはあんまりデーンとしてしもうたらだめだと思う。むしろビクビクして貧乏ゆすりしてる者のほうが結果がよくなる。よく、七分の味方と三分の敵というじゃないか。コーチや選手の顔ぶれというのもそれと似ている。味方の中の敵をのみこんでやっていくぐらいの度量を持ってほしい。

野村　その三分の敵が、上田は気になるんですか。

西本　三分の敵というか、ユニホーム着ないで、試合やめたときあったでしょう。バンプの問題で。あんなものは大阪におるオーナー代理がわざわざ監督のところへきて、なだめなきゃいかんような問題であったかということです。

野村　なるほど。

西本　一緒にやったもんで、しゃべりたくないんだ（笑い）。

野村　上田や古葉はまだ若いですよね。いい好敵手になって、やめてもらいたくないですね、長い間。

西本　そりゃそうですよ、やめるようなかっこうにしちゃいかんのですよ。

野村　稲尾はどう見ますか。予想ではみんな五位、六位予想したロッテを、あそこまでもってきた手腕は買えるでしょう。

西本　買えるね。

野村　ロッテの中で何が変わったんでしょうか。山本のような、単純な監督のあとは確かにやりやすいですね。選手は新監督を前監督と比較して見ますから、そういう面ではやりやすい。ぼくも飯田徳治さんのあとやったから、非常にやりやすかった。いうこと、やることがすべてすごい、すごいになっちゃって。洗脳力というか、気分を一新して、監督の特色を非常に発揮しやすい状態ではあったと思うんです。

西本　具体的に何がよくなったといったら、あそこの全く頼りないピッチャーが、投手陣というか、団というか（笑い）、ちょっとかっこうができかけてきたことだね。

野村　広岡さんのやり方とは百八十度違ったやり方ですからね。酒飲むな、肉食うなという監督と違って、酒は飲め飲めですもの、キャッチャーのとこへ酒箱か何か置いといて、あの中通したらビール一本、というようなユニークな練習方法やらせる。ちょっと遊びすぎですけどね。

西本　性格的には中日の山内に似てる。ともに小さいことにこだわらないし、気分転換もうまい。

野村　ところで、西本さんの監督時代に金で選手を釣るということやりましたか。

西本　非常に額は少なかったけどね、出したことはある。あんまり好きじゃないんだが……。

野村　ぼくもそうなんです。出さないときは選手がやらんような気がしてきて（笑い）。選手は関係なくやってても、そういうふうに映ったりするでしょう。

西本　額が多い、少ないといって、選手からクレームをつけられたことがある。

野村　山内さんも監督賞出すなんてことをやってますね。豊田が郡山で西本から逆転ツーランを打ったときにも、山内さんがその場で十万円出すとか、ああいうのはどうなんですかね。その人のやり方なんでしょうけど。

西本　チームの前からの風習でやってるのかな。

野村　中日というチームはランナーが出ても細かいことを何もできない。だけど、何もしないときに強さを発揮する。山内さんが動くとマイナスの面が出ますね（笑い）。あのチームの監督は難しい。

西本　難しい、難しい。稲尾がロッテに行って水を得たという話と同じように、山内監督も水を得たと思う。そして後半になってきて、日ごとに試合の大事さというのが出てきたときに、あいつも巨人で少し飯食ったばかりに細かいことをやろうとした。せっかく

野村　チームに合ってないことをやろうとして、後半、追いこめなかった。

西本さんがいらっしゃるんで、阪神のことをぜひ聞かなければ……。

西本　関西でこれだけ人気を得てるとチームをつくっていくうえでやりにくいと思う。試合もかなりの試合にしなきゃならんしね。といって、チームづくりも手を抜けない。しかし、同時に二つはできにくい。シーズンに入ったらこのチームはかなり練習量が落ちとるんじゃないかな。というのは、試合のコンディションづくりのために、練習量を落としとる。これを続けていったら、だんだん若いやつまでからだが動かんようになってくるんです。

野村　今年、野村が開幕投手になったというのは何か象徴してますね。ぼくが阪神の社長なら、西本さんを誘いに行くな。断られてもともとだから。

西本　いまいったようなかっこうでチームができとるから、誰がやってもこれならいけるというものをつくるのに二、三年はかかると思う。ワシはファンのままでいたい（笑い）。

野村　安藤監督の監督業務の評価はどうですか。

西本 試合上における采配というのは下手じゃないよ。

野村 あの戦力ではかわいそうだという、同情のほうですか。

西本 それもある。それと監督も常にいい試合という感じじゃなしに、開き直ってもいいと思う。お客さんを気にしてなかなか危ない橋を渡らなかったように思う。

野村 日ハムの植村監督は気の毒でしたね。

西本 代わって出てきたのが大沢君じゃね。あの代わり方は、せっかくやらしてやったけど、お前あかんから、もう一回おれがいったるわという感じになってる。

野村 自信がない、辞任しますと自分がいって、それじゃしようがない、間に合わせにおれがやらなしゃあないというのがふつうだけど、前任者が降ろしにいったわけでしょう。

西本 しかし、コツコツつくったものが、壊れるのは早いな。三年前は優勝しとるのに。

野村 南海の穴吹監督はどうですか。十二球団で、一つ勝っては万歳をするのはこの人だけでしょう。

西本 そいもええやん（笑い）。

野村 監督が万歳するときは、シーズンが終わって、優勝のときだけじゃないですか。

あれが広岡監督カッカするんですってね。あれも一つの手ですね。相手がカッカしてくれるんなら、大いにやるべきかな。

西本　土橋は目立たんけどまあまあやった。土橋の性格は選手に分かりやすい。安藤みたいなタイプだったら、自分がいくらカリカリしてても、なかなか選手に伝わらない。

野村　喜怒哀楽ははっきり出しますね。

西本　ここが勝負どころや、という場面になってきたら、監督の態度や顔色で、選手もつられてピリッとするところはあると思うんだけどね。プロならみんな選手も分かってなきゃいかんのだけど。

野村　特にヤクルトあたりは若松を筆頭に、みんなおとなしいですね。そのチームであいうズケズケいうのはよかったかもしれない。

近鉄の岡本監督はどうですか。

西本　このクラスの監督は時間かけないかんと思うね。育てるのに要する時間をね。

野村　近鉄の四位はよくないでしょう。今年の西武なら、上いかないかんでしょう。

西本　今年の西武ならね。

野村　今年、監督が代わるのは日ハムと大洋ですか。関根さんもおっとりした監督さんですね。あのおとなしい大洋で、チームの性質と、関根さんのタイプはあまりにも似かよいすぎているんじゃないですか。

西本　成績は成績でしかたない。それよりもどういう力がついてきたかという、明確ななにかが残せなければいけない。

野村　結論的に、いい監督というのは、チームを去るときに何かを残したのがいい監督ということですね。

西本　球団がコツコツ、コツコツ続いた努力をしていかないと、明確なものは残ってこない。やっぱり経営する会社の心意気が下まで通じなきゃいかん。その中で、中間管理職が若い人たちにどうやって心意気を伝達させるか、が勝負の分かれ道になるような気がするんですね。

野村　私のつねづね思っていたことを今日は西本さんにいっていただけました。ありがとうございます。

（84・10・19）

狂騒応援から名選手は育たない（対談・下田武三）

野村　下田さんは歴代（コミッショナー）の方のなかでは一番エネルギッシュだと思うんです。いろんな改革や提言をされて、あんまり一生懸命やられるので、〝三選〟を阻止しようなんて動きもあるそうですね。

下田　こっちもご免こうむりたいです。なんとかよくしたいと一生懸命やって、たたかれるんじゃ、まったく合わないですよ（笑い）。

野村　最近のお仕事のなかではボクら、応援の問題に興味を持っています。詳しくお聞きしたいですね。

下田　人に応援を強制しない、耳をつんざく鉦《かね》や太鼓を鳴らさない、人が見えなくなる大きな旗やノボリを使わない、この三つを励行させようというのが私の狙いで、各球場の入り口に張り紙をしているわけです。憤慨して抗議する人もいるし、破る人もいますが、今シーズン中はずっと掲示して徹底を図りたい。一朝一夕では直らんと思うけれども、今シーズン全期間を通じて直したいと思っているわけです。

野村　プロ野球のファンのレベルが下がっていると思うんですよ。要するに、拍手するタイミングを知らない。大リーグの野球を見ていると、ドンチャカは絶対にないですよね。たとえば「四番、センター、メイズ」なんてアナウンスされると、ワーッと拍手があるでしょう。惜しみない拍手という感じですよね。見せる商売というのは、歌手でも俳優でも、あの拍手が生き甲斐なんですよ。われわれは拍手をもらうとものすごくエキサイトしてファンにこたえようという気持ちになる。ところが、いまは「四番、サード、掛布」とアナウンスしても、拍手というよりもドンチャカドンチャカしてて、拍手が選手に伝わっていかないんですよ。掛布よ、頼むよ、というファンの声が、全部あの鉦や太鼓で消えちゃう。プロの観戦のしかたではないと思う。あのスタンド風景を見ていると、アマチュアですよ。いまゴルフが非常にマナーがいいでしょう。パターを打つときはシーンとしてますよね。

下田　そうですね。前は「お静かに」という幕が出てたけど、それがなくなりましたもの。

野村　野球だって、うるさいと集中できないんです。テニスでも、マッケンローなんか、サーブを打つときに咳払いしたら、キッとにらんでますよね。あれが、マナーだと思うんです。

下田　ピッチャー出身のある評論家に、投げるときにワイワイ騒がれたら妨げになりませんかと聞いたら、やっぱりなるといっていました。アメリカでは、ピッチャーが投げるときはシーンとしてます。特に名バッターと名ピッチャーの対決なんてときは、みんな息をのんでますよ。そして、ホームランを打ったときのバッターに対する喝采ね。プレーヤーとファンの応援の息が通じてるんです。

野村　われわれがプロに入ったころは、阪神の藤村さん、西鉄の中西さん、それから長嶋、こういう人たちが空振りするだけでワーッと沸いたんですね。ドンチャカがなかったから。いまは、原が空振りしたって、掛布が空振りしたって、だれが空振りしたってワーワー、メリハリがない。

下田　そうですね。それから、去年あたりから、女の人を含めた若い人たちが、えらい騒ぐんですね。野球を楽しんでいるのか、それとも群衆のなかに入ってワイワイ騒いでいるだけなのか、つまり原宿なんかの道路上でわけもなく騒ぐつもりで騒いでいるファンがそうとうあるんです。これも邪道だと思いますね。

野村　ボクのころは応援団というのはなかったんです。後援会というのはあったけど。

すね。

下田　このごろは私設応援団長といって、まるで将軍のように指揮する人がいるんで

野村　たとえば席が取れなくて、阪神ファンのお客さんが、後楽園の一塁側にやっと席を取ったということもあると思うんですよ。そういう人たちにまで、手をたたけだのと強制して、そしてけんかが始まるわけでしょう。

下田　球場や球団は応援団に対して弱いんですね。ともかくお金を払ってなにがしかの人たちを連れてきてくれますから、いえないんです。それから、選手も応援団に対して不平不満をいうことができない。張本選手みたいに、観客席に向かって怒鳴り返したんかを切った人もいますけれども、そういう勇気のある選手ばかりじゃないですから。応援団もファンの一部ですが、ただ絶対的に少数であることだけは確実です。

野村　昔は野次でもユニークなのがあって、野次ることを楽しみにしているお客さんもいました。歌舞伎じゃないけど、「いよっ、長嶋」なんて掛け声ね、あれはタイミングとしてはいいし、お客さんは和みますよ。いまは、やかましくて野次る気になれないでしょう。甲子園なんか、放送していて、隣に座っているアナウンサーの声すら聞こえないんですからね。イヤホンが頼りで、イヤホンを落としたら、いま何を聞いたんですか、ということになっちゃう。

ところで、いま、セ・リーグはフランチャイズ制が非常にうまくできていて、広島に一つ、大阪に一つ、名古屋に一つ、横浜に一つ、東京に二つということで、各球団とも非常に利益を上げて、セ・リーグはお客さんが多い。ところが、パ・リーグはお客さんが入らないし、大阪に三つある。そこで、コミッショナーが、南海は四国にいきなさいとか、近鉄は福岡でやりなさいとか、そういう発言はできないわけですか。

下田　やろうと思えばできますよ。ただ、現実にできないことをいってもと思うんですね。個人的にはいったことがあるんです、名古屋にお移りになったらどうでしょうか、と。いま九州に誘致しようという動きがあるんですが、いいですよね。パ・リーグは、確かに偏っていて、観客動員に不利な要素になってますね。これがパ・リーグにとって大きな宿題です。

野村　郷土との密着というか、ファンはおらがチームという意識が非常に強いと思うんです。いま、どこかのチームがポンと九州にいくと、最初はうまくいかないでしょうけど、選手が地元に住んで、十年後、十五年後を考えたら、自分たちのチームという意識が育つと思う。

下田　西武が所沢にいってあれだけできたんですから、福岡にもっていってできないはずがない。

野村　パ・リーグは毎年同じことを繰り返していく。もう英断していい時期だと思うんですよ。観客を動員しなくちゃどうにもならない。親会社がバックにいるから甘えが出てくるわけですよ。球団のフロント陣に、危機感がないんですね、二十五日になれば、本社の経理にいって今月もよろしくお願いしますと。どうしても依頼心が強くなる。アメリカのシステムだったら、とっくに身売りでしょう。

下田　日本のプロ野球は、おかげさまで非常に繁栄しているわけですね。今年はプロ野球発足以来五十周年で、秋には祝賀の催しをしたいと考えているわけですが、ただ繁栄に酔って、次の五十周年に無考えに移行していいかどうかという点を深く反省したわけです。いまの日本のプロ野球には決して問題がないわけじゃなくて、たとえば沢村投手に匹敵するピッチャーはいまいないし、ファンがここで打ってくれというときにワッと打つ王や長嶋に匹敵するバッターもいない。監督も今年亡くなられた知将、魔術師といわれた三原脩さんや水原茂さんに匹敵する監督はいない。技術的見地からすれば、いまのプロ野球は過去に比べて最高峰にあるとは思えないんです。にもかかわらずなぜ繁栄しているかというと、マスコミのおかげなんですね。その点を考えると、いまのプロ野球にはおごりがあると思う。自分たちの力で繁栄していると思っている。それから甘えですね。このおごりと甘えを反省して除去するということが、五十年を迎えていちばん大事なことではないかと思っているんです。

おごりと甘えがどういうところに表れているかというと、上はオーナーですね。われわれがこうしなくちゃいけませんというと、なんだ素人がなにを横から口を入れるという感じの思いあがりがあるわけです。上はオーナーから、中は監督、選手、コーチから、下は球場の便所の面倒をみる人まで、プロ野球関係者はすべて、われわれは国民の大多数に健全娯楽を与えているんだという使命感をもたなくちゃいけないんだけど、持ってない。

野村　セ・リーグとパ・リーグはなんだか、意固地になっているということをお感じになりませんか。

下田　ＤＨ制問題の熱かったとき、両リーグの間に、同じプロ野球をやっている人なのに、宿怨というか、恨みがあるんじゃないかとすら疑いましたね。

野村　ああいう会議の席では、どうしてプロ野球全体の繁栄ということを考えてやらないんだろうかと思いますね。オールスターなんて、ＤＨをやっていいですよ。お客さんはピッチャーのピッチングを見にくるんで、ピッチャーのバッティングなんて見にこない。しかも、オールスターは勝つための作戦はないわけでしょう。絶対にＤＨをやるべきですよ。

下田 本当にそうです。

野村 セ・リーグは、パ・リーグが勝手にやったこっちゃとか捨てゼリフをいったりね。

下田 工藤信一良《しんいちろう》さんがパ・リーグの会長をしておられるときに、DH制の問題をなんとかしようと非常に苦慮されたことがある。問題提起の入り口で蹴っ飛ばされたんです。お気の毒にも工藤さんは、胃や肝臓を痛めて亡くなられたんですが、それが一つの原因じゃないかと思うんです。たかがDH制の問題に、あんなに深い恨みをお互いに抱いているというのがどうしても理解できない。いままでに、プロ野球に愛想をつかして去ったコミッショナーが二人おられるんですよ、名ピッチャーの内村祐之《ゆうし》先生と、私の前の金子鋭《とし》さん。金子さんは江川事件というのもあったんですけど、ほんとに愛想をつかされた。お二人とも、やめてから球場にも一歩も入らないという徹底ぶりでした。内村さんは希代の名ピッチャーですから、野球の殿堂に入っていただかないとおかしいんですけれども、存命中は、野球の殿堂になんか入るかといって入られなかった。二年前に、ご遺族をなだめすかして、奥様のご了解を得て、やっと入っていただいたんです。

野村 そういうところから、いまのプロ野球にはおごりがあるとおっしゃるんですね。

下田　スポーツの世界だから、もっと自由に人の意見を聞くのかと思ったら、そうじゃない。大変なマンネリズムですよ。いままでやってきたんだから、これが最善なんだ、どこが悪いんだ、なにを直す必要があるのかという考えかたですね。これを打破しないとプロ野球はだめです。

野村　コミッショナー業というのは全然魅力ないですか。

下田　羨ましい職業じゃないでしょうね。労多くして功が……、功をあげようと思いますけど。

野村　確か、来年の三月までですね。ぜひ、もう一度やっていただきたいですね。

下田　いやいや。私のほうから留任するなんてことは毛頭いいませんよ（笑い）。ただ、私は、内村さんや金子さんみたいに絶対に愛想づかしはしません。小学校のときから野球をやってきて、野球ほど面白いゲームを誰が発明したのかと思うくらい野球が好きなんですよ。

おごりの問題に関係すると思うんですが、野村さん、どう考えますか、若い選手がコマーシャルに出て何億も稼ぐこと、あれは選手をだめにするんじゃないか。

野村　コマーシャルに出てはいけないという規制をつくると、それに見合うものを考えていかなければならないと思うんです。ぼくが入ったころは、契約金ゼロ、初任給七千円で入ったんですけど、十年働くとボーナスが出る、十四年頑張ればボーナスが出るということがあった。若い世代は将来に対して非常に不安なんですね。しかも、体をこわすとなんの補償もない。だから、サラリーマンが定年までに稼ぐものを十年か十五年で稼がなくちゃいかんと考える。コマーシャルというとアルバイト的においしい話だというんで出たがるわけですね。いまのプロ野球は金銭面のあこがれというのがないと思うんですよ。だから、先にとっちゃえということになるんです。われわれの時代はプロのユニホームに袖を通させてもらうだけで名誉だというものがありましたよ。いまの子供はプロのユニホームを着ることの名誉なんて一切感じてないでしょう。

下田　そうですかねぇ。あこがれのチームに入って、ユニホームを初めて着るときはうれしいと思いますけどね。私がコマーシャルを問題にするのは、若人に、いきなり一億、二億というような多額のお金が転げ込むことなんですよ。十年選手になってから、十年たった、コマーシャルは自分の判断で出ていいぞ、というようにしたらどうかと思うんです。ルーキーはまだ海のものとも山のものとも分からないわけでしょう。

野村　コマーシャルに出る選手は、ごく少数ですけどね。巨人の選手か、広島なり、名古屋なりで地元の選手がチョコチョコ出るくらいでね。

下田　そうですね。確かに一部に存する問題です。

野村　巨人の選手はどんどんコマーシャルに出るから、若者はみんな巨人目指して、池田高校の水野みたいに逆指名で、巨人以外はいかないなんてことになるんですよ。巨人にいってよくなれば、コマーシャルだ、サイン会だと、給料以外のものでボンボン稼げる、と大人が知恵をつける。

下田　そういう弊害もありますね。

野村　各球団の方針もあるでしょうしね。コマーシャル問題は一筋縄ではいかないところがある。堤さんは一切だめだというし、正力さんは大いに出るべきだというし、両極端ですからね。堤さんは、コマーシャルの話がきたら、そのコマーシャル料を球団が払ってやれとおっしゃるんです。われわれが（西武に）入団したときも、選手は一切野球以外の副業を持ってはいけないというオーナー命令があったんですね。副業をもっているやつは、一年間の売り上げをもってこい、出してやるというわけですね。だけど、選手は、困ったな、オーナーのところに行けないというわけですよ。博多でスナックをやってる選手がいますが、結局、内証でやってます。

下田　ウーン。

野村　アメリカでは、大リーガーになれば年金が四十五歳から入るという将来の保証をつくってるでしょう。日本の場合は、金銭的にいってもそんなにいい商売じゃないということが一般社会に定着してますよ。だから、少年野球とかリトル野球でたくさんの子供が野球をやっているけれども、中学、高校、大学と進むにつれてだんだんやめていく。むしろ、サッカーだとか、ラグビーに流れていく。なぜかというと、サッカーとかラグビーをやっている大企業に就職するとき有利に働くからなんですね。プロ野球があこがれをつくっていかないと、いい素質をもった選手がよそにとられるという気持ちがしてしようがないんですよ。プロ野球にあこがれる人がだんだん少なくなってますね。

下田　アメリカでも、ゴルフに流れたり、バスケットボールに流れたりしてますね。

野村　やっぱり、チャレンジしてみようかという魅力をつくっていかないとだめですね。年金の問題にしても、ぼくが二十七年現役でやって、五十歳から月に四万円なんて、恥ずかしくていえませんよ。年金の資格を取るのはむずかしいけれども、取ったら五十歳以降はそれ相当の保証があるという形に変えていくべきだと思います。いまだと二軍に七年いると年金の資格が取れるんですが、こんなのナンセンスですよ。二軍は、球団に対して利益面でも、お客さんに対して技術面でも、貢献してないわけで、まだこれからの人なんですから。一軍登録で何年というふうにしないとね。

下田　聞けば聞くほど問題だらけですね。

野村　だから、もっとおやりになって下さい。

下田　イヤ、イヤ（笑い）。世の中に対する最後の務めとして、なった以上はよくして「さようなら」をしたいと思っているんです。ふつうなら、もう楽隠居の身分ですから……。

（84・5・11）

下巻・あとがき

昨年は新旧交代の一年だったと思う。田淵や平松がユニホームを脱ぎ、江夏がああいうかたちでアメリカへ旅立った。顔なじみが次々と姿を消し、昔を知る人間にとっては感慨深い年となった。

考えてみると、名を残すほどに仕事をした選手の引退時期ほど難しいものはない。選手自身は体力の衰えを感じながらも、心のどこかに「まだ、若いもんには負けけん」という自負が熾火《おきび》のように残っている。

私もそうだった。しかし、客観的な情勢は日増しに悪くなる。それを誰かがいってくれるといいのだが、これがまた、なかなかいってくれない。ノドまで出かかっているのだが、本人に遠慮していえないのである。

出処進退についてはだから自分で決するしかない。すると、おのずとそこに個性が表れて、球場では見られない機微がにじみ出てきたりする。江夏の引退劇などその典型であったように思う。

だが、選手の引き際など本当は恵まれたものである。これが監督となると、よほどの大監督ならいざ知らず、たいていは百円ライターと同じである。最下位からひとつでも上がったら上出来のチームをまかせておいて、不成績だと、すぐ、ポイとやる。実績をあげた監督でも翌年がダメだと、もう首スジが寒くなってくる。これでは長期展望に立ったチーム作りなど望むべくもないし、監督の器量も小粒にしてしまう。

それでいて、一方で世間の監督采配に対する注目はかつてないほど高まっている。私たち評論家も目をサラのようにする。監督の管理手腕に期待するところがそれだけ大きい証拠だが、こうした周囲の視線も、受けるほうにしてみれば重荷にちがいない。

原稿を読み返してみて、監督にとって今が冬の時代であることを痛感した。題名（編集部注・「プロ野球　監督たちの戦い」）には、そのつらさ加減をいささかなりともこめたつもりである。

一九八五年二月

野村克也

負《ま》けに不思議《ふしぎ》の負《ま》けなし
〈完全版《かんぜんばん》〉下巻《げかん》
朝日文庫

2020年3月30日　第1刷発行
2020年4月10日　第2刷発行

著　者　野《の》村《むら》克《かつ》也《や》

発行者　三宮博信
発行所　朝日新聞出版
〒104-8011　東京都中央区築地5-3-2
電話　03-5541-8832（編集）
03-5540-7793（販売）
印刷製本　大日本印刷株式会社

Published in Japan by Asahi Shimbun Publications Inc.
定価はカバーに表示してあります

ISBN978-4-02-262013-2

阪口　ユウキ
どんなに弱くても人は自由に働ける

うつ病で寝たきりだった若者が人との出会いから働く意味を知り、本当の自由を勝ち取るまでを描いた、ネットで三二〇万人が読んだ感動の実話。

小島　和宏
ぼくの週プロ青春記
90年代プロレス全盛期と、その真実

闘っていたのはレスラーだけじゃない！　雑誌『週刊プロレス』に青春のすべてを捧げた元記者による極私的ドキュメント。《解説・長与千種》

山田　清機
不器用な人生

時代の流れにあえて乗らず、自分の節を守って生きる男たちのノンフィクション。そのように生きる、そのようにしか生きられない六人の男を描く。

奥野　修司
美智子さまご出産秘話

戦後初の皇子の誕生という「絶対に失敗が許されない」プロジェクトに臨んだ医師たちがいた。知られざる奮闘を、医師の秘蔵メモから明かす。

上野　千鶴子
おひとりさまの最期

在宅ひとり死は可能か。取材を始めて二〇年、著者が医療・看護・介護の現場を当事者目線で歩き続けた成果を大公開。《解説・山中　修》

プリーモ・レーヴィ著／竹山　博英訳
溺れるものと救われるもの

名著『これが人間か』から四〇年。改めて体験を極限まで考え抜き、分析し、本書を書いた。だが一年後、彼は自死を選ぶ……。《解説・小川洋子》